내일 다시
태양은 뜬다
The sun will rise again tomorrow

글 이찬수 사진 이수남

서언[序言]

그동안 필자가 보고, 듣고, 읽고, 배우고 한 것들을 특히 많은 지인[知人]과 대화 중 경험하며 느낀 좋은 감정, 나쁜 감정, 직장 생활,
또 학원을 운영하면서 느낀 것을 기록하고 저장하여 글로써 표현했다.
필자에게 가르침을 준 많은 지인과 책들의 도움 덕분에 이 책을 완성했다.
다시 한번 감사드린다. 역시 세상은 서로 함께하고 서로 도움을 주고받으면 상승효과가 있다는 것을 새삼 깨닫게 되었다.
필자도 이 책 내용처럼 살아오지 못하였기에 반성 또 반성하면서 쓴 글이니 그렇게 봐주시고, 이해해 주시고, 참고하여 읽어주시면 고맙겠다.
지금 제가 여러분에게 당부하고 싶은 말은.

"훗날에 보고 싶고 사랑한다 하지 말고 지금 있을 때 잘하자."
"훗날에 미안하다며 후회하지 말고 지금 잘하자."
"훗날에 후회하지 말고 지금 고맙고 감사하면서
소소한 행복을 느끼길 바란다."

지금이 처음이자 마지막이다. 메타 노이야!
보고 싶습니다.
미안합니다.
고맙습니다

[쇠제비갈매기, 인천 영종도에서 촬영]

당신, 참 애썼다.
사느라, 살아 내느라,
여기까지 오느라 애썼다.
부디
오늘보다 내일이 더 즐거운 일이 생기길
두 손 모아 빈다.

마지막으로 마치 KTX처럼
앞만 보고 달려온 나의 삶을 잠시 내려놓고 주위를
한 번 뒤돌아볼 수 있는 기회를 준 환경과 여러 여건에 대한 감사함이고,
이 책의 수익금 일부는 어렵게 살아가시는 청각장애 어르신과
그의 가족들에게 작은 보탬이 되고자 한다.

2020. 02. 02.
부산 글방에서

이 찬 수

The sun will rise again tomorrow

01.	이 세상에서 변하지 않는 법칙[法則]은?	12
02.	세상 살아가면서 꼭 지켜야 할 것들은?	14
03.	이제야 부치는 사모곡[思母曲]	18
04.	균형 잡힌 건강[健康]이란?	22
05.	우리의 만남을 왜 소중히 해야 하는가?	24
06.	나는 누구이고 어떤 존재인가?	26
07.	"덕분입니다."와 "감사합니다."를 왜 알아야 하는가?	28
08.	사람이란 어떤 존재[存在]인가?	30
09.	사람의 능력[能力]은?	32
10.	세계 최초의 Made in Korea 10가지는?	34
11.	인생에서 만나면 불행[不幸]한 사람은?	38
12.	좋은 인간관계를 맺고자 한다면?	40
13.	사람 마음의 특징은?	42
14.	좋은 사람의 특징은?	44
15.	남자[男子]의 심리[心理]란?	46
16.	남자[男子]의 심리[心理]란?	48
17.	홀로 아리랑	50
18.	여자[女子]의 심리[心理]란?	52
19.	좋은 배필[配匹]을 만나는 방법은?	54
20.	배우자 선택 시 주의해야 할 남자/여자는?	56
21.	인간관계에서 가장 욕심이 많은 관계는?	58
22.	머메리즘[Mummerism]이란?	60
23.	사랑[愛]이란?	62

24.	존중[尊重]이란?	64
25.	미움[憎惡]이란?	66
26.	짜증은 왜 일어나는가?	68
27.	삶에 도움이 되는 긍정적인 말투는?	70
28.	화[禍]를 다스리는 방법은?	72
29.	관포지교[管鮑之交]란?	74
30.	좋은 친구와 진짜 좋은 친구란?	76
31.	눈에 보이는 것만이 진실인가?	78
32.	청춘[靑春]이란?	80
33.	상대방과 대화[對話] 시 주의 할 것은?	82
34.	센스[sense]있는 대화법이란?	84
35.	바람아 불어라.	86
36.	진정한 나눔이란?	88
37.	무재칠시[無才七施]란?	90
38.	종교[宗敎]를 가져야 하나?	92
39.	세상에서 가장 어렵고 힘든 것은?	94
40.	말[言]과 행동[行動]과 생각은?	96
41.	공멸과 자천의 교훈은?	98
42.	왜, 내 탓인가?	100
43.	왜, 꿈을 크게 꾸어야 하는가?	102
44.	세상을 바꿀 수 있는 힘이란?	104
45.	진로[進路]를 결정할 때는?	106
46.	성공[成功]하고 싶으면?	108

47.	다 함께 잘 살기 위한 방법은?	110
48.	한국 식음료 세계에서 TOP of TOP 10가지는?	112
49.	나에게도 행운[幸運]이 올 것인가?	114
50.	행운[幸運]을 부르는 행동은?	116
51.	콩 심어 놓고 팥 나기를 바라는 마음은?	118
52.	운명[運命]을 바꿀 수 있는가?	120
53.	운명을 바꾸는 대화[對話]와 대답 요령은?	122
54.	내가 짓고 내가 받는 이유는?	124
55.	삶의 경쟁에서 승리[勝利]하는 방법은?	126
56.	인간관계의 먼저 내세워야 할 조건[條件]은?	128
57.	부모와 자식사이는?	130
58.	부모가 자식에게 제일 먼저 가르쳐야 할 교육은?	132
59.	자녀[子女]를 어떻게 키울 것인가?	134
60.	자녀 교육을 위한 기초공사는?	136
61.	최고수[最高手]를 만드는 부부[夫婦] 비결은?	138
62.	좌우명[座右銘]이란?	140
63.	이 또한 지나가리라 [This, Too, Shall Pass Away]	142
64.	10 - 1 = 꽝이다. 왜 꽝인가?	144
65.	왜, 기본[基本]에 충실해야 하는가?	146
66.	나에게 걸림돌로 작용하는 나쁜 습관들은?	148
67.	내 마음에 현미경 하나!	150
68.	분뇨[糞尿 : 더러운 것]처리하는 기술이란?	152
69.	성공[成功]하고 싶으면?	154

70.	마쓰시타 회장의 세 가지 은혜[恩惠]란?	156
71.	명언[名言]이란?	158
72.	Kairos 동상의 의미는?	160
73.	공부가 무엇이며 왜 해야 하는가?	162
74.	공부하는 방법은?	164
75.	성적[成績]이란 무엇인가?	166
76.	주제 파악[主題把握]이란?	168
77.	사람을 따르게 하는 방법은?	170
78.	아름다움은 영원히 남는가?	172
79.	부자[富者]가 되고 싶으면?	174
80.	부자가 되기 위한 방향과 방법은?	176
81.	자기 리더십[Leadership]을 어떻게 하는가?	178
82.	3센트[한화 30원] 정직[正直]의 결과란?	180
83.	왜, 면접 시 주제 파악과 내공을 기르고 철저히 준비해야 하는가?	182
84.	신입사원[新入社員]의 자세는?	184
85.	새로운 직장[職場]에서 갖추어야 할 자세는?	186
86.	직장생활에서 인정받는 전략은?	188
87.	출·퇴근 시간을 알차게 활용하는 방법은?	190
88.	직장 간부 사원[幹部社員]의 자세는?	192
89.	에펠 탑 효과[Eiffel tower effect]란?	194
90.	코끼리와 말뚝 이야기란?	196
91.	어떤 일을 성취[成就]하기 위해서는?	198

92.	도끼가 바늘이 되는 힘은?	200
93.	세상을 살면서 피해야 할 유형의 3가지 사람은?	202
94.	직장[職場]에서 위기를 극복하는 3가지 방법은?	204
95.	나와 다른 의견을 듣는 마음의 자세는?	206
96.	포앙카레식 해결법이란?	208
97.	나사[Screw] 하나의 차이란?	210
98.	공황장애[恐惶障碍]의 원인은?	212
99.	근심/걱정/두려움/불안을 극복하는 방법은?	214
100.	인생을 즐기는 방법은?	216
101.	세상 살면서 깨달은 세 가지는?	218
102.	멋진 노후를 위한 마음자세는?	219
103.	노후[老後]의 부부관계는 어떻게 해야 하는가?	220
104.	AI[인공지능]시대 없어지는 직업 Top 15은?	222
105.	AI[Artificial Intelligence]시대 갖추어야 할 자세는?	224
106.	AI[Artificial Intelligence]시대 인기 직업 Top 15는?	226
107.	의미 있는 건배사 순서는?	228
108.	내일 다시 해는 뜬다.	230
109.	결론[結論]은?	232

01. 이 세상에서 변하지 않는 법칙[法則]은?

[두루미, 강원도 철원에서 촬영]

[재두루미, 강원도 철원에서 촬영]

첫째 밤이 오면 반드시 낮이 온다.
둘째 이 세상은 본인의 노력과 주위의 도움에 의해 돌아간다.
셋째 이 세상에서 생긴 것은 반드시 없어진다.
넷째 어려운 일[事]이 먼저 오고 다음에 즐거움[福]이 온다.
다섯째 먼저 나누면 곱으로 돌아온다.
여섯째 콩 심은 데 콩 나고 팥 심은 데 팥 난다.
일곱째 내가 짓고 내가 받는다.
여덟째 기[氣]를 살려주면 운[運]이 좋아지고,
       운이 좋으면 명[命]이 길어진다.
아홉째 무슨 일을 하면 반드시 저항이 따른다.
열 번째 이 세상에 공짜는 없다.

02. 세상 살아가면서 꼭 지켜야 할 것들은?

[검은머리물떼새, 아산만에서 촬영]

[검은머리갈매기, 아산만에서 촬영]

[이 글은 필자의 초·중·고교 시절 어머니와 함께 즐겨 찾던
고향의 명산[名山], 월아산 청곡사 주지 스님의 가르침이다.]

1절　남을 때리거나 죽이지 말라.
2절　괴로운 사람을 즐겁게 하는 방법을 찾는다.
1절　남의 물건을 훔치거나 빼앗지 말라.
2절　어려운 사람을 돕도록 노력하라.
1절　남에게 거짓말하거나 사기 치는 행위는 하지 말라.
2절　진실을 말하도록 노력하라.
1절　성희롱/성추행/성폭행하지 말라.
2절　사랑은 상대가 원하지 않으면 표현하지 말라.
1절　술을 마시고 취하지 말라.
2절　만약 어쩔 수 없이 취했다면 행패를 부리지 말라.

1절은 누구나 꼭 지켜야 할 것이고, 2절은 누구나 할 수 있는 일이 아니다.
그러나 생각만 살짝 바꾸면 누구나 할 수 있는 일이 된다.

그대들이여!
한 가지 목표에 한 가지 길만 존재하는 것은 아닙니다.
결심한 일을 하지 않으면 불편함을 느낄 정도로, 새 습관이 자동적이고
쉬운 일이 될 때까지 계속 연습하라.
크고 답답하고, 복잡한 문제를 환영하라.
그 안에 당신의 가장 큰 기회가 숨겨져 있습니다.

또한

필요한 만큼의 금전은 벌어야 한다.

집중하기 위해서는

생활에 너무 쪼들리면 안 된다.

때로는 유리 어항에 들어간 존재라고 느낄 때도 있고,

어떤 일을 하다가 상처받을 말을 들으면 참고는 하되

외롭다거나 힘들어하지 말고, 아파하지 말고, 위축은 되지 말자.

힘든 날이 있다면 분명 좋은 날이 반드시 올 것입니다.

그대들이여!

내가 할 수 있는 일과 할 수 없는 일을 구분하여 선택과 집중에

최선을 다하고, 실패를 두려워하지 말고, 내가 결정하고 책임져야

할 부분을 명확히 하고,

목표를 세워 이 세상에 이로운 일이면 즐기면서 합시다.

그대들이여!

오늘을 사는 우리 서로가 서로에게 상처를 주는 일을 만들지 말아요.

먼 훗날 삶이 다하면 다시 만나야 할 사람, 바로 우리이기 때문입니다.

[재두루미, 강원도 철원에서 촬영]

03. 이제야 부치는 사모곡[思母曲]

비가 조용히 내리는 오후입니다. 벌써 어둠이 다가옵니다.
아무 말 없이 조용히 눈을 감고 어머님의 온기를 느껴봅니다.
당신이 또 생각나 눈물이 나는군요.
어머니 보고 싶습니다. 아버지 미안합니다.
자식을 낳고 키워보아야 그제야 부모님의 사랑을 알듯이 부모님에 대한
그리움도 부모가 세상을 떠났을 때 그 부모에 대한 그리움도 비로소
느끼게 되는 못난 자식들의 삶인 것 같습니다.
일생동안 제 자식에게 십 분의 일이라도 부모에게 정을 주지 못하는 마음,
삶이 기쁜 날과 힘든 날에 가끔씩이라도
부모님의 헌신을 진정 생각하고 사시는지요?
주름진 그 얼굴, 검게 타버린 그 얼굴,
삶의 흔적이 어찌 힘든 내 삶의 고통과 비교되리오.
갈라진 그 손끝마다 보내신 정이 강을 이루고 바다를 이루는데
내 자그마한 마음 하나 보내지 못하고 사는 게 미안하지는 않은지요?
눈물이 흐를 때 생각나는 사람이 아닌,
내 삶의 웃음이 흐를 때 생각나는 사람,

[뿔논병아리, 낙동강 하류에서 촬영]

내 삶이 슬플 때 생각나는 얼굴이 아닌,
진정 기쁘고 행복할 때 항상 가슴에 새기는 늙으신 부모님의 얼굴이어야
할 것입니다.
어느 부모든 자식을 위한 사랑은 다 마찬가지겠지만,
나의 어머님은 산골에서 농사를 지으면서 한평생을 보내셨다.
변변치 못한 살림살이에 자기의 삶을 돌아볼 기회조차 갖지 못하고
오로지 자식들을 공부시켜서 성공시켜야겠다는 일념 하나만으로

한평생을 보내셨다. 아들을 남편처럼 의지하면서 그렇게 사셨다.
막상 세상을 떠나보내신 후에야 보고 싶고, 좋은 옷, 맛 나는 음식,
좋은 곳에 손잡고 여행도 가고 싶고. 그렇게 못한 것이 한[恨]으로
남아 가슴 쓰리고 아리다. 아마도 저세상에서도 자식과 손주들을 위해
또 희생하고 계시리라 생각한다. 이제야 저세상에는 휴가도 없냐고
한탄만 하는 부끄러운 자식이 되어버렸다. 살면서 슬프고 괴로운 우리의
일을 아무렇지도 않게 받아 주시지만 내 인고의 고통이 전할 때마다
부모의 가슴은 천근만근 아픈 가슴이 되어 찢어지고 계십니다.
그대들이여! 먼 훗날 후회하지 말고
오늘 지금 보고 싶다고 또 고맙다는 마음을 전하도록 합시다.
내 살과 뼈 머리카락이 부모의 고통과 눈물로 이루어진
한평생의 결과물이기 때문입니다.
다시 내가 부모가 되어 삶의 굴레로 물려줘야 할
귀중한 대자연의 법칙이기 때문입니다.
그대들이여! 그분들은 누구를 위해 사시는지, 무엇을 위해
그 저린 두 팔과 절룩거리는 다리를 이끌고 계시는지,
행복하고 즐거울 때마다 내 어머니 내 아버지를 생각하십시오.
혹 차가운 밥에 반찬 한 가지만 드시면서도
나를 걱정하시고 계시지는 않은지,
삶의 길에서 늘 가슴에 새기는 우리가 먼 훗날 죽어 흙이 되고
물이 되어 떠나갈 때 다시 부모님의 품으로 가는 날까지 가슴으로
사랑하고 가슴으로 부모님을 생각하십시오.
지금 당신은 진정 그분들에게 마음만이라도 다 전하고 계시는지
스스로에게 물어보아야 할 것입니다.

[참매, 경기도 포천에서 촬영]

04. 균형 잡힌 건강[健康]이란?

[두루미, 강원도 철원에서 촬영]

"변화시킬 수 없는 것이라면 인정하고,

그것을 대신하는 자신의 마음을 바꾸는 것이 정신건강에 이롭다."

첫째   신체적 건강
        척추/골반과 오장육부의 균형 유지를 위해 한가지의 운동,
        요가를 권장하고 싶다.

둘째   정신적 건강
        "할 수 있다/하면 된다."
        또 주위에서 도와준 덕분에 내가 존재하는 것에 대한
        감사한 마음.

셋째   사회적 건강
        다 함께 잘살기 위해서 서로 돕고 협력하는 마음.
        이것이 곧 나를 위한 것이니까.

넷째   영적인 건강
        "덕분입니다/감사합니다."를 알면 상대를 존중한다.
        사랑이 왜곡되면 소유욕으로 변해, 집착하여 마음이 아리다.

"세상에서 가장 힘든 것은 '나'를 바꾸는 것이 가장 힘들고 그러기에 '나'를 바꾸는 것이 가장 위대하다." 즉, 학업 성적은 바꿀 수가 없지만 나도 노력해서 다음에는 성적을 올려야지...
이렇게 나의 생각을 바꾸어 실행하는 것은 가장 위대한 일이다.
불행 다음에 즐거움이 온다는 것을 아는 사람은 행복의 번호표를 예약한 사람이고, 불행은 끝이 없다고 생각하는 사람은 불행의 번호표를 들고 있는 사람이다.

05. 우리의 만남을 왜 소중히 해야 하는가?

[긴꼬리딱새, 충북 보은 속리산에서 촬영]

평탄한 길에서도 넘어질 때가 있다. 인간의 운명도 그런 것이다.
만남은 소중해야 하고 인연은 아름다워야 한다.

"오늘 목마르지 않다 하여 우물에 돌을 던지지 말자."
비 올 때만 이용하는 우산처럼 사람을 필요할 때만 이용하고,
배신해 버리는 행위를 하지 말아야 한다. 지금 당장 도움을 주지 못하는
사람이라고 해서 무관심하고 배신하면 그가 진정으로 필요하게 되었을 때
그의 앞에 나타날 수가 없게 된다.

한번 맺은 인연은 소중히 간직하여
오래도록 필요한 사람으로 남겨두는 것이 좋다.
내가 등을 돌리면 상대방은 마음을 돌려 버리고,
내가 은혜를 저버리면 상대방은 관심을 저버리며,
내가 배신하면 상대방은 아예 무시하는 태도로 맞서 버린다.
십리[十里]의 물 깊이는 알아도
사람의 머리에서 가슴까지 45cm의 깊이는 알 수 없다고 했다.
그래서 우리가 살면서 크고 작은 일에 "미움"과 "화[禍]"부터 내기보다는
용서해 보는 건 어떨까?

06. 나는 누구이고 어떤 존재인가?

[물까치, 진주시 진양호에서 촬영]

남녀/인종/학벌/종교/재물/인물 등으로 차별하지 마라.
길거리 개미도 나보다 우수한 재능이 있기 때문이다.

자연[自然]을 풀이하면 개[犬]가 달[月]을 보고 스스로 짖는다.
자연은 스스로 그렇게 만들어진 것이 자연이다.
자연과 인간은 구분할 수 있을지 몰라도 연결되어 있어서 분리할 수 없다.
연결되어 있으므로 상대에게 선[善]한 마음을 쓰면 선한 것이 돌아오고,
악[惡]한 마음을 쓰면 괴로움[苦]이 온다.
나[我] 아닌 것, 즉 공기, 물, 햇빛, 밥, 이웃 사람이 없으면
나도 없다는 것을 항상 마음 깊이 새기자.
그래서 항상 감사하고 늘 고마움을 잊지 말자.

이 세상은 본인의 노력은 10%미만, 주위의 도움이 90%이상에 의해서
변화가 일어나고 결과가 나타난다. 자연과 인간은 한 몸이다.
그래서 우리는 둘이 아니고 하나다.
이 정도의 가슴 사이즈[W컵]를 가지자.
이 시대는 남녀/학력/종교/인종/문화/기호 등
초월하여 배우겠다는 자세와 태도.
즉, 열린 마음이야 하고, 남을 존중하고 자신을 낮추는 태도.
즉, 겸손하고, '덕분입니다/감사합니다'를 아는.
즉, 긍정적인 사고를 가진 자[者]를 원한다.

07. "덕분입니다."와 "감사합니다."를 왜 알아야 하는가?

[물까마귀, 부산 대변에서 촬영]

이 세상은 본인의 노력과 주위의 도움에 의해서 움직이고 있다는
진리를 깨달아 항상 감사함을 잊지 말아야 한다.
주위의 도움은 나[我] 주위 사람/공기/햇빛/물/땅 등,
나 아닌 재료들 덕분에 존재한다는 것을 알면 "덕분입니다",
"감사합니다."를 알게 된다. 우리는 이렇게 도움받고 사는 것을
모르면 사람 노릇을 하지 못한다.

사람은 다른 생명보다 사고[思考]하는 능력이 있다.
생각하는 능력이 발달되어있어 사람이라면 적어도
"내 주위 사람 또는 공기 덕분에 숨을 쉴 수 있고
땅과 농부 덕분에 밥을 먹을 수 있구나."를 알아야 된다.
이 "덕분입니다"를 먼저 알게 되면 이 지구상에서 태어난 사람들은
불평/불만/부정적인 생각을 안 하게 된다. 지금 세상에서 일어나고 있는
우울증/치매/암/자살 등 전부 다 불평, 불만으로 출발해서
부정적 생각에서 나오는 그림자들이다.
내 마음에 안 든다고 불평/불만/불안/걱정하고 부정적인 생각이
우리 몸속에 아드레날린/노르아드레날린을 분비시켜서 임파액이
나오고 그 임파액이 모여서 임파선이 만들어지고 그게 암 덩어리다.
불평/불만 하는 존재는 삐딱하게 부정적으로
세상을 보는 존재는 이미 사람이 아니다.
세상에 있으면 암적인 존재라서 암 걸리도록 설계가 되어 있다.
그래서 암에 걸렸다면 얼른 알아서, 주위 여러 환경들 덕분인줄
모르고 내가 불평, 불만, 부정적인 생각을 "감사하다"는 생각으로
바꾸면 엔도르핀이 나와 기[氣]가 살아나고 운[運]이 좋아져
수명[命]도 길어진다. 저절로 병이 치료된다. 항암제 안 맞아도 된다.
그래서 출발이 "덕분입니다"를 알게 되면 자기 자신이 어떻게 살아가고
있는가를 알아 "덕분입니다, 감사합니다."이 말 말고 할 말이 없다.

08. 사람이란 어떤 존재[存在]인가?

[재두루미, 강원도 철원에서 촬영]

여자는 지난날 잘못한 것을 계속 기억하는 원초적 본능이 있다.
∴ 여자는 지난날 기억으로 현재를 결정한다.

남자는 지난날 쉽게 잊어버리려고 하는 원초적 본능이 있다.
∴ 남자는 현재의 기분으로 미래를 결정한다.

사람은 개개인의 특성이 다르다.
다른 것을 알면 서로에게 배울 것이 있고,
서로의 도움을 주고받을 수 있기 때문에 함께 해야 한다.
함께하면 synergy[상승] 효과가 있기 때문이다.
사람을 대[對]할 때 가르치려 하지 말자. 다만 진심으로 함께하는
마음이면 저절로 통[通]한다. 세상이 혼란스러운 것은 배우고자 하는
사람은 없는데 가르치려고 하는 사람이 너무 많기 때문이다.

사람은 반드시 자기가 옳다고 생각하도록 설계되어 있다.
자기가 상대방 마음에 들기 위해 살지 않듯이 상대도 내 마음에
들기 위해 사는 것이 아니다. 남의 인생에 이래라/저래라 간섭하지 마라.
즉, 자기 나름대로의 개폼/꼴값을 하기 위해 산다.
상대가 나에게 해서 싫은 것은 나도 상대에게 하지 않는다.
이 세상은 메아리 법칙이다.
상대를 괴롭게 하면 그만큼 내게 돌아온다.
긍정적인 말과 기분 좋은 말을 하는 연습을 하자.
사람에겐 동물적 본능이 있기 때문에 처음부터 의리[義理]가 없다.
의리란 사람에게 찾는 것이 아니라 함께하고 있는
그 일[事]에서 찾아야 할 것이다.

09. 사람의 능력[能力]은?

[소쩍새, 울산 서생면에서 촬영]

사람은 대부분 사지[四智] 육안[六眼]의 능력을 가지고 있다.

사지[四知]는?

첫째	대원경지[大圓鏡智]	큰 거울에 삼라만상이 그대로 비치듯이 원만하고 분명한 지혜. 즉, 상대방을 통해 자기 마음을 보는 능력
둘째	평등성지[平等性智]	남녀평등
셋째	묘관찰지[妙觀察智]	세상을 보는 능력
넷째	성소작지[惺所作智]	만들어 내는 지혜

육안[六眼]은?

첫째	천안통[天眼通]	모든 정보를 읽고 보는 능력. 서로 이해하고 인정하고 존중하라.
둘째	천이통[天耳通]	남의 말을 듣는 능력
셋째	타심통[他心通]	타인의 마음을 읽는 능력
넷째	신족통[神足通]	내 마음을 읽는 능력
다섯째	숙명통[宿命通]	과거/현재/미래를 예측하는 능력
여섯째	누진통[漏盡通]	본인 또는 상대방의 괴로움 또는 고통을 읽는 능력

10. 세계 최초의 Made in Korea 10가지는?

1   직지심체요절

고려 시대 금속활자 인쇄본인 직지심체요절은
유네스코에 등재된 세계 최초의 금속활자 인쇄본이다.
이것은 1445년 만들어진 서양 최초의 금속활자 인쇄본
독일의 구텐베르크의 42행 성서보다 무려 78년이나
앞선 기술.

2   강우량 측정기인 측우기

1441년[세종 23년]에 만들어진 측우기는
장영실의 발명품. 장영실은 측우기, 자격루, 해시계,
혼천의 등 다양한 발명품을 개발한
우리나라의 대표적인 과학자.

3   커피믹스

인스턴트커피, 커피 프림, 설탕이 적절하게 배합된
커피믹스는 1976년 동서식품이 최초로 개발.
이 커피믹스는 휴대하기 간편하고 사용도 간단해서
지금도 많은 인기를 끌고 있다.

4   다용도 밀폐 용기

1998년 국내업체 "락앤락"이 개발한 다용도 밀폐 용기. 이 용기는 물에 넣고 뒤집어 흔들어도, 물에 담가도 물이 새지도 들어가지도 않는 밀폐 용기이다.
세계 100개국이 넘는 나라에 지금도 수출하고 있다.

5   이태리타월

부산에서 직물공장 김필곤 사장이 이탈리아에서 수입한 원단 "비스코스 레이온"을 사용해서 때를 밀기 좋은 때수건을 만든 것이 시초. 한국 목욕 문화인 때밀이 문화의 일등 공신이 바로 이태리타월이다.

6   MP3 플레이어

디지털 캐스트의 황정하 씨가 만든 세계 최초의 MP3. 1997년도 새한정보시스템과 MP3 설계 특허권을 공동 출원해 상용 MP3, "엠피맨10"을 개발, 노래 10곡을 담을 수 있는 용량.

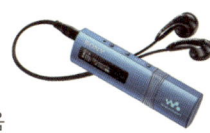

7 아모레 퍼시픽 쿠션 팩트

파우더 팩트를 최초로 개발한 것은 미국 기업이지만 쿠션 팩트를 최초 개발한 것은 2008년 아모레퍼시픽 "아이오페"를 통해 출시. 파운데이션을 손에 묻히지 않고 바를 수 있는 장점으로 당시 화장품 업계의 혁신적인 제품으로 지금도 1초에 1개씩 팔리는 인기제품 이다.

8 스포츠 응원용 막대 풍선

1994년 국내에서 최초로 등장한 길이 64cm, 폭 10.5cm의 막대 풍선. 발명가는 한국의 김철곤 씨. 박수를 치는 것보다 10배나 큰 소리를 낼 수 있는 장점.

9   삼각 지붕 모양의 우유 팩

1953년 신석균 박사는 기존에 가위로 잘라 마시던 우유 팩에서, 개봉할 수 있고 편리하게 따를 수 있으며 남은 우유를 다시 보관할 수 있는 "게이블 탑[gable top]"이라는 삼각지붕 모양으로 된 1석 3조의 우유 팩을 개발했다.
하지만 전쟁 중이라는 특수한 사항으로 인해 신석균 박사는 특허권을 주장하지 못했고, 결국 미군들에 의해 삼각 지붕 우유 팩은 미국으로 건너가게 되었고 주인 없는 국제표준으로 자리 잡게 되었다.

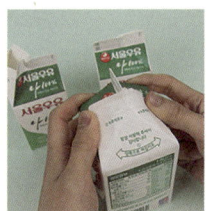

10   초고속 인터넷 PC방

1995년 개업한 압구정 PC 카페가 PC 게임방의 시초. 초고속 인터넷 보급으로 인터넷 전문 게임방이 생겨나기 시작하여 한때 운영이 어려웠으나, "스타크래프트" 출시 후 파격적인 인기를 끌게 되었다.

11. 인생에서 만나면 불행[不幸]한 사람은?

[호반새, 경기도 청평호수에서 촬영]

"이런 사람 만나지 마세요." 한양대학교 유영만 교수의 이론에서
"나는 내가 만난 사람으로 이루어졌다."
즉, 배우자, 직장에서 상사, 부하, 동료. 또 사회생활에 있어서
어떤 사람을 만나느냐에 따라서 내 인생이 달라졌다는 것을 의미한다.
만남이 운명이다.
그러면 만나지 말아야 할 사람은?

첫째 궁합이   사회생활 또는 직장생활 하면서 관계를 좋게
      안 맞는 사람   하려고 하는데도 결과가 나빠져 관계가
                    틀어지는 경우가 종종 있다. 이땐 참 곤욕스럽다.

둘째 밥을 살 줄   얻어먹기만 하는 사람. 밥은 단순한 밥이 아니라
      모르는 사람   관계다. 나랑 교류를 않겠다는 뜻이다.
                    자기만 아는 사람, 즉 속이 좁은 사람이고,
                    쪼다이다. 그런 사람은 스트레스받는다.

셋째 꼭, 반대급부를
      바라는 사람

넷째 네거티브 피플, 매사에 안된다 하고, 부정적이고,
      우울하고   남을 험담 [비난]만 하는 사람.
      부정적인 사람

다섯째 뻥[허세]이   이런 사람은 신뢰가 없다. 거래에 있어서
      심한 사람   사기당할 위험이 있다.

역발상으로 나는 어떤 사람이 돼야 만날 가치가 있고 재수 있는
사람이 될 것인지 돌아보자. 나는 어떤 사람이 되어야 할 것인지,
내가 남에게 도움이 되는 사람, 만나면 재수가 있는 사람이
되어야 하겠다는 자세와 준비를 갖추자.

12. 좋은 인간관계를 맺고자 한다면?

[뿔논병아리, 낙동강 하류에서 촬영]

인간은 자연과 사람, 사람과 사람 사이에서 존재하는 것이 인간이다. 따라서 현대 사회는 인맥 사회이고 이 인맥을 어떻게 잘 관리하는가에 따라 성공도하고 실패도 한다.

그러면 필자는 이 인맥을 잘 관리했냐고 반문하겠지만,
실제 인맥 관리에 실패했기 때문에 이 글을 쓸 수 있다고 봐주면 좋겠다.
석가모니 부처님은 달마대사, 예수님은 사도 바울이라는 걸출한 사람
때문에 유명한 사람이 되듯이 성공한 사람은 사람과 사람 사이에
특정적인 역할을 한 사람이 반드시 있기 마련이다.
그렇다고 마당발이라고 해서 꼭 좋은 것만은 아니다.
마당발이라도 장·단점이 있으므로 자기 능력, 성격, 취향, 목표에 따라서
인맥을 유지하는 것이 바람직한 인간관계라 할 수 있다. 그럼 좋은 인간
관계를 맺고자 한다면.

첫째 오늘 지금 만나는 한 사람을 중요하게 생각하라.
둘째 이게 뭐야 하는 사람, 즉 우습게 보이는 사람을 주의하라.
   사람을 깔보지 마라. 우습게 보이는 이 사람이 나를 성공하게
   만들 수도 있고, 위험에 빠지게도 할 수 있다.
셋째 눈앞에 있는, 지금 상대하고 있는 이 사람이 나를 홈런 또는 삼진
   아웃시킬 수 있는 사람임을 알고 정성을 다하고 진심으로 대하라.
넷째 먼저 베풀고, 먼저 다가가라.
   상대에게 도움을 받고자 한다면 먼저 도움을 주고, 어떤 베풂을
   받고 싶으면 먼저 베풀어라. 그래서 상대방에게 먼저 전화하고,
   먼저 만나자고 하고, 먼저 밥도 사야 한다.
   내가 냉대하고 개폼 잡고 앉아 있어 봐야 좋은 인간관계를 맺을
   수 없다.

13. 사람 마음의 특징은?

[뻐꾸기, 경북 청도에서 촬영]

마음이 건강할 때는 사랑과 행복만 보이고,
허약할 때는 사탄과 마귀만 보인다.

사람 마음의 특징은 마음은 한 번에 한 곳으로 간다.
또 마음을 반복하면 길이 생겨 자동으로 그곳으로 간다.
즉, 어두운 마음[힘들다/어렵다/괴롭다/불평/불만/걱정]을 반복하면
내 의지와 관계없이 자동으로 어두운 쪽으로 마음이 간다는 것이다.
이 어두운 마음의 그림자가 종교에서 말하는 사탄과 마귀다.
마귀니 사탄이니 하는 것은 세상에 없다.
자기의 부정적인 마음[생각]이 만드는 것이다.
사람의 특징은.

첫째 자기가 최고고, 잘못된 정보로 자기 생각이 옳다고 빡빡 우긴다.
둘째 내 마음에 안 든다고 항상 씩씩거린다는 점이다.
　　　시기심/질투심의 말은 가시 돋친 꽃을 피우고,
　　　상냥하고 부드러운 말은 향기로운 꽃을 피우게 한다.
　　　부정적인 말로 기운을 빼지 말고, 긍정적인 말은 샛별보다 빛나고
　　　가슴엔 희망의 별이 뜬다. 내가 짓고 내가 받기 때문이다. 물 위에
　　　글을 쓸 수 없고, 조각도 할 수 없다. 물의 본성은 흐르는 것이다.
　　　우리의 성난 감정은 바로 이 물처럼 다루어야 한다. 분노의 감정이
　　　일어나면 터뜨리지 말고 그냥 내버려 두자. 마치 강물이 큰 강으로
　　　흘러가듯이 분노의 감정이 자신의 내면에서 세상 밖으로 흘러가
　　　는 모습을 즐겁게 지켜보자. 그리고 그것들을 자신에게서
　　　떠나가게 하자. 그것은 부정하는 것이 아니라 자연스럽게,
　　　가장 지혜롭게 풀어 주는 것이다.

14. 좋은 사람의 특징은?

[저어새, 강화도에서 촬영]

처음의 만남은 하늘이 만들어 가는 인연이라고 합니다.
만남에 대한 책임은 하늘에 있고,
관계에 대한 책임은 사람에게 있습니다.

항상 다른 사람을 격려하는 사람은 자신의 마음이 행복하기 때문이고,
부드럽게 말하는 사람은 그 마음이 안정적이기 때문이고, 진실하게
말하는 사람은 그 마음이 담대하기 때문이고, 마음에 사랑이 많은 사람이
위로의 말을 내어 주고, 겸손한 사람이 과장하지 않고 사실을 말하고,
마음이 여유로운 사람이 말하기에 앞서 다른 사람의 말을 잘 들어 준다.
이런 사람이 좋은 사람이지.

생각이 말이 되고, 말이 행동이 되고, 행동이 습관이 되고,
습관이 성격이 되고, 성격이 운명이 되어 우리의 삶을 결정짓는다.
진정 이러한 것을 안다면 생각과 말을 함부로 할 수 없지요.
너는 내 운명이 아니라 내 말이 내 운명임을 알자.
우리가 지금 하는 말이 바로 우리의 운명임을 믿자.
아침에 "잘잤다"하고 눈을 뜨는 사람은 행복의 출발선에서 시작하고,
"죽겠네"하고 몸부림치는 사람은 불행의 출발선에서 시작하는
불행의 번호표를 들고 있는 사람들이다.

15. 남자[男子]의 심리[心理]란?

[물수리, 부산 을숙도에서 촬영]

남자에겐 여자를 볼 때 두 종류로 나누는 원초적인 본능이 있다.
하나는 우위에 서려고,
또 큰소리치려고 하는 성적[性的]인 개념의 여자.
또, 하나는 늘 어리광 피우고 싶은 엄마다.
이 두 가지 심리가 매일
왔다 갔다 한다.

남자는 힘이 세고 이런 거는 더 어른 같은데
따뜻한 보호 받고 싶은 심리는
여자보다 남자가 훨씬 더 어린애다.
왜, 엄마 손에서 자라서 그렇다.
그래서 "마마보이"라는 말이 한때 유행했다.
이 병을 고치려면 아기 때부터 남자가 키우면 해결된다.

그런데 어리광 피우고 안길 때 징그럽다고
탁 쳐내면 굉장히 상처를 입는다.
그래서 남자는 강아지 키우듯이 감싸주고,
칭찬과 보상, 격려가 필요하다.
이 세상 어떤 남자도 다 그렇다.

16. 남자[男子]의 심리[心理]란?

[물수리와 숭어 촬영]

마음속으로 그래그래 너 잘났다.

네가 왕자다. 이래 주면 지 죽는 줄 모르고 일을 한다.

이게 남자의 본성이다.

남자는 바깥으로 큰소리치지만 속으로는 약하다.
이것을 알아야 한다.
그래서 항상 큰소리치고, 목에 힘주고, 개폼 다 잰다.
기분 나쁘지만 약간 숙여 주는 것이 좋다.

그걸 꺾으려고 그러면 별 힘도 없는 게 땡깡을 부리고,
살림을 쎄리 부수고, 난리가 난다.
"나와 함께 이 세상에서 만나 함께한 것이
저로서는 가장 큰 축복이요 영광입니다."라고
매일 이렇게 해보면 죽을 똥 살 똥 모르고 열심히 일한다.
그래서 남자를 조금만 이해하면 좋은 인연이 될 것이다.

17. 홀로 아리랑

- 서유석 -

저 멀리 동해바다 외로운 섬
금강산 맑은 물은 동해로 흐르고
백두산 두만강에서 배 타고 떠나라
오늘도 거센 바람 불어오겠지
설악산 맑은 물도 동해 가는데
한라산 제주에서 배 타고 간다.
조그만 얼굴로 바람맞으니
우리네 마음들은 어디로 가는가.
가다가 홀로 섬에 닻을 내리고
독도야 간밤에 잘 잤느냐
언제쯤 우리는 하나가 될까

아리랑 아리랑 홀로 아리랑

아리랑 고개를 넘어가 보자

가다가 힘들면 쉬어가더라도

손잡고 가보자 같이 가 보자

18. 여자[女子]의 심리[心理]란?

[물꿩, 제주도 서귀포에서 촬영]

여자는 휴식을 취할 때 90%가 뇌량이 가동되고,
남자는 휴식을 취할 때 90%가 뇌량이 가동이 안 된다.
그러니 남자가 휴식을 취할 때 제발 잔소리 좀 하지 마라.

여자는 여성운동[女性運動]을 하면서 안 되는 것이 정말 많다.
남자에 의지해야 된다. 남자가 알아서 척척 해주기를 바란다.
남자는 존경할 만해야 된다.
자가 아빠처럼 존경할만하지 않으면 남자 같지 않다.
남자는 좀 잘나고 의지[依支]할 만해야 된다.
뭐든지 남자가 리드해주기를 원한다.
이런 남자를 여자들이 좋아하는 것 같다. 하지만 이건 과거의 남자다.
과연 그런 남자는 나에게 소곤소곤할까? 독선적[獨善的]일까?

리더십[leadership]이 강한 남자는 부드럽지 못하고 독선적이고,
소곤소곤한 남자는 부드럽지만 줏대가 없다. 돈 많고,
인물 좋은 남자를 선택하면 남들 보기엔 결혼 잘했다고
볼 수 있지만 이런 남자는 어떤 여자도 좋아할 수밖에 없다.
그래서 똥폼잡고 돈값하고 꼴값하게 될 확률이 높다.
나보다 조금 부족한 남자를 선택하면 이것은 여러분들의
판단에 맡기겠다. 그래서 연인/배우자는 선택만 존재한다.
이런 선택을 하면 이런 결과가, 저런 선택을 하면 저런 결과,
그럴 땐 우리는 어떤 선택을 할 것인가? 선택의 망설임이 있는데
왜, 결과에 대한 책임을 지지 않으려고 하기 때문이다.
선택의 결과에 대한 책임을 친구 또는 부모 탓으로 돌리기 때문이다.
남의 눈에 눈곱은 보이고, 자기 눈의 눈곱은 보이지 않기 때문에
실수를 범한다.

19. 좋은 배필[配匹]을 만나는 방법은?

[뿔논병아리, 낙동강 하류에서 촬영]

사람은 누구나 현명[賢明]하고/지혜[智慧]롭고/예의[禮義] 바르고/
성실[誠實]한 사람을 만나기를 원한다.
그러나 원하는 대로 안 되는 게 세상의 이치[理致]다.
그렇다고 아무나 만나 결혼하는 것은 절대 아니므로
인연[因緣]이 나타나면 이 정도는 확인을 하자.

첫째 왜 사는가. 사는 목적이 무엇인가.

      왜. 직업이 있어야 하는가. 돈[錢]을 가지려는 목적이 무엇인가.

      왜. 결혼을 해야 하는가. 결혼하는 목적이 무엇인가.

둘째 인생의 장기적인 목표가 있는가.

      10년 또는 30년 이상 장기적인 목표가 있는가.

셋째 이것은 대박, 스스로에게도 먼저 물어본다.

      본인과 세상을 이롭게 하는 직업인가.

남자[男子]가 결혼하는 목적은 조금 우습지만
자기 편[便]하려고 하는 데 목적이 있다.
이것은 필자의 주관적인 생각이다.
여자[女子]가 결혼하는 목적은 보호 본능, 즉 보디가드[bodyguard]에
목적이 있다. 여자는 항상 관심. 즉, 이벤트[event]/약속.
즉, 신뢰[信賴]와 정직[正直]을 요구하게 되어 있다.
이렇듯 남자와 여자는 모든 것이 다르다. 다르기 때문에 서로 도움을
주고받고 서로 배울 것이 있다는 것을 알아야 한다.
남자와 여자는 원래부터 성[性]과 격[格]이 차이가 나게 되어 있다.
성격[性格]이 달라서 서로 싸우고, 헤어지고, 이혼[離婚]한다고 한다.
이건 많이 이상[異常]하지 않나?

20. 배우자 선택 시 주의해야 할 남자/여자는?

[두루미, 강원도 철원에서 촬영]

[팔색조]

여자는 이런 남자를 피하자

첫째   뜨뜻미지근한 남자
둘째   부모에게 의지하는 캥거루 같은 남자
셋째   쓸데없이 터프한 남자
넷째   삶에 진지하지 않고 편법에 능한 남자
다섯째   꿈만 크고, 대박만 노리는 남자

남자는 이런 여자를 피하자.

첫째   사치와 낭비가 심한 여자
둘째   놀고 즐기는 데 이골이 난 여자
셋째   남자에게 경제적 부담을 많이 주는 여자
넷째   대화 시/식당 메뉴 선택/여행지 선택 등
             남자를 이겨야 직성이 풀리는 여자
다섯째   남사친이 많은 여자

21. 인간관계에서 가장 욕심이 많은 관계는?

[두루미, 강원도 철원에서 촬영]

인간관계에서 제일 욕심이 많은 관계는 결혼 관계이다.
서로 좋아하는 감정으로 만났지만 사실 그 속에는 서로의 욕심이 있다.
그 욕심이 원수가 되고 미워하게 된다.
결혼을 재테크 수단으로 보면 안 된다. 이것은 아주 위험한 발상이다.
이것은 사랑이 아니고 장삿속이다. 이렇게 잔머리를 굴리기 때문에
살면서 갈등이 심하다. 계산적으로 선택한다.
본질을 꿰뚫으면 서로의 만남이 소중할 줄 알면 문제가 저절로 이해가
되는데, 지금 돈/인물/학벌/상대에게 득[得] 보려고 하는 마음을 따지기
때문에 사랑이 눈물이 되고, 미움이 되고, 원수가 된다.
그래서 의도[意圖]와 결과가 달라진다.
멀리 떨어져 있으면 같은 것이 눈에 보이고, 가까이 있으면 다른 것이
눈에 보인다. 멀리 있으면 큰 것만 눈에 보이고, 가까이 있으면 티끌까지
다 보인다. 그래서 상식적으로 보면 힘든 것이 당연하다.
그러나 조금 진실을 보면 인연의 소중함을 알면 이것은 어려운 문제가
아니다. 그래서 사랑하는 남녀는 서로 다르다는 것을 인정해야 한다.
"아~ 저 사람은 저렇구나" 해야지, "왜 저러지?" 이러면 안 된다.
그러면 같이 있어도 귀찮지 않고 같이 있어도 귀찮지 않으면 헤어져도
외롭지 않다. 그런데 우리 인생은 같이 있으면 귀찮고 헤어지면 외롭다.
그래서 왔다 갔다 한다. 이것을 "방황"이라 한다.
상대가 나쁘다 또는 좋다 할 때 나쁘고 좋은 것은 상대에게 있는 것이
아니라 자기 인식[認識]에 있다. 각자의 자기 인식에 있기 때문에 믿을
것이 못 된다. 그래서 나를 내려놓고 상대방을 먼저 이해하자.

22. 머메리즘[Mummerism]이란?

[송골매, 강원도 철원에서 촬영]

가장 자유로운 시간은 규칙적인 시간이며
가장 가치 있는 시간은 최선을 다한 시간이다.
과정이 아름다우면 결과도 아름답다.

등반 정신을 가리키는 말 중에 머메리즘[mummerism : 1880]이 있다.
이는 어떤 방법으로 든 산[山] 정상에 오르기만 하면 된다는
"등정 주의"에 반대되는 개념으로 쉬운 루트[route]를 통해 산에 오르기
보다는 새로운 루트를 개척하거나 암벽 등의 험준한 코스[course]를
선택하여 등정하는 것을 목적으로 한다.

초기에는 산악인들의 외면을 받기도 했지만
지금은 프로 정신을 일컫는 말이 되었다.
"길이 끝나는 곳에서 비로소 등산은 시작된다."고 말했던 영국의 등반가
머메리[Albert Frederick Mummery]의 이름에서 비롯된
머메리즘[mummerism]. 이는 결과만 중시하기보다 결과가 있기까지의
경로와 과정을 중요시하기에 가치를 더하는 정신이다.

23. 사랑[愛]이란?

[꾀꼬리[黃鳥], 경주 토함산에서 촬영]

부모와 자녀, 형제, 부부 사이에도 같은 것이 없다.
모두 다르다.
다르기 때문에 서로 어울리고 기대면서 살아가고 있다.
만약 성격, 생각, 식습관, 행동, 취미 등
모두 같으면 우리가 살아갈 수 있을까?

모든 사람과 생물은 서로 다르다.
서로 다름을 인정하고 이해하면 상대를 존중하게 된다.
사랑이란 서로 다름을 인정[認定]하고 이해[理解]하고
존중[尊重]하는 것을 사랑이라 한다.

사람들은 내 생각과 함께하고 같아지기를 원한다.
이는 절대로 같아질 수가 없다. 같아야 된다고 생각하니 "갈등"이 생긴다.
같아진다는 것은 어리석은 생각이다.
인생의 가장 큰 손실은 내가 가진 것을 잃는 것이 아니라
나의 생각을 바꿀 수 있는 기회를 잃는 것이 가장 큰 손실이다.
맞고 틀리고. 옳고 나쁨. 부자 가난. 잘나고 못남을 따지는 것이 아닌
서로 다름을 인정하고, 생각을 바꾸면 세상의 모든 인간관계에서
다툼이 없고, 특히 가족과 이웃이 돈독[敦篤]해지면서
좋은 삶을 영위[榮位]하리라 생각한다.

24. 존중[尊重]이란?

[밀화부리, 서울 남산에서 촬영]

서로에게 도움과 이익을 주려고 노력하자.

상대를 대할 때는 힘과 권력으로 대하지 말자.

사람과 사람이 만나서 관계를 맺는 것이 "사회[社會]"다.
인간관계를 맺고 사는 것이 더 이익이다. 왜, 상승효과가 있기 때문이다.
관계를 잘못 맺으면 역효과다. 그러니 현실에서는 역효과다.
그래서 싸우고, 헤어지고, 이혼하고 한다.
이것이 군중 속에 고독[孤獨]이다. 이게 극복의 대상이다.

세상의 모든 사물[事物]과 생물[生物]은
서로 용도[用度]와 생각이 다르다고 인정[認定]하자.
그러면 서로 배울 것이 있고 도움을 주고받을 수 있다.
그 사람 입장에서는 "그럴 만한 사정이 있겠구나",
저 사람의 자란 환경이 "그래서 그렇구나"라고 이해하자.
"저 사람은 왜 저렇지 미치겠네" 이러면 역효과다.
상대가 옳고 틀렸다기보다는 서로 다른 것을 인정하고 이해하는 것이
존중이다. 상대방[相對方]의 생각과 감정[感情]을 통제[統制]하려고
하는 것은 존중이 아니다.

25. 미움[憎惡]이란?

[황새, 충북 진천에서 촬영]

어떤 일 또는 사물을 사랑할 때 내가 원하는 것이 오게 된다.
열등감과 미움은 상대와 나를 비교해서 나타난다.
상대와 나를 비교하지 말고
"너와 나는 생각/삶의 방식이 다르다"라고 생각한다.
풋과일 때는 떫은맛을 내는 것이 정상이지 나도 열심히 노력하여
익어야지 하면서 생각을 바꾸는 것이 슬기로운 사람이다

고달픈 인생 오죽하면 태어날 때부터 울기부터 했을까마는 미움이란 받아들이지 못한 모든 마음이 미움이다.
화를 내고/거부하는 마음/저항하는 마음을 버리자.
남을 탓하고 원망하지 말자. 자식이 부모를 선택했고, 내가 배우자를 선택했고, 친구를 선택했고, 시간과 주어진 환경을 선택했기 때문에 선택한 자의 책임이다. 이 세상은 이렇게 살고 저렇게 살아야 한다는 것, 즉 정답은 없다. 오로지 선택뿐이다.
그래서 잘잘못은 먼저 나에게 있다고 생각하자.

자신이 처한 현실에 대하여 감사하는 사람이 가장 겸손한 사람이다.
가장 좋은 인격은 자기 자신을 알고 겸손하게 처신하는 사람이다.
가장 넉넉한 사람은 자기한테 주어진 몫에 대하여 불평불만이 없는 사람이다. 의식[意識]의 생각을 바꿔야 병[病]이 치유된다.
모든 것을 사랑하고 감사하는 마음을 갖자.
그러면 긴 어둠의 터널에서 벗어난다. 쉽게 말해서 돈이 된다.

26. 짜증은 왜 일어나는가?

[팔색조, 경남 거제 학동리에서 촬영]

사람은 믿음과 함께하면 즐겁고 의심과 함께하면 무서운 병이 찾아온다.

사람은 누구나 다 자기가 옳다는 생각을 갖고 산다.
인간은 사물을 볼 때 자기 기준으로 생각하고 판단한다.
늘 그렇게 살아왔다. 이제부터는 모든 것을 자기중심으로 생각하지 말자.
짜증의 근본 원인은 내가 옳다는 기준에서 발생한다.
이것이 꼰대 정신이다. 이 얼마나 어리석고 무지[無知]한 생각인가.
사람의 생각은 모두 다르다는 사실을 인정하자.
사람은 어떤 행위의 대가를 바라는 게 괴로움의 핵심이다.
즉, 잘해줬다고 생각하지 않으면 섭섭하고 괴로울 일이 없다.
특히 부모와 자식, 형제지간, 친구지간에 주고받은 물질로 말이다.

내 것이 아닌 것에 탐내지 않고, 힘든 날도 지나고 나면 더 힘든 날
이겨낼 힘이 되겠지 하면서 밝고 긍정적인 생각을 하면
운[運]도 좋아지고, 운이 좋아지면 기[氣]가 살아서 기가 살아나면
명[命]이 길어져 좋은 일 아니면 더 좋은 일이 생긴다.

27. 삶에 도움이 되는 긍정적인 말투는?

[장다리물떼새, 서해안 천수만에서 촬영]

[장다리물떼새, 서해안 천수만에서 촬영]

첫째   어차피 나는~~~을, 의외로 나는 ~~~ 잘할 수 있다.

둘째   '아까워'를 '애썼어'로

        어떤 물건을 고를 때, 인간관계에서 떠나보낼 때,

        또 오랜만에 만났을 때

        선물. 친구와 술 음식 등을 먹고 난 후일 때

셋째   '이것밖에 없어'를 '이만큼이나 있어'로

        좋은 습관/공부/운동 등을 뭐든지 할 수 있는 시간.

        즉 운명을 바꿀 시간들이 많이 남아 있다는 긍정적인 말투.

        '올해도 다 갔네'를 '1개월씩이나 남아있네'로

넷째   '귀찮아'를 '별거 아니야'로

        근심/걱정/초조/불안이 들 때 "앞날은 알 수 없어" 앞으로

        흥미진진하게 이루어질 거야. 특히 주말 특근, 문상,

        결혼식 참여 등 일상생활에서 일어나는 일들을 별거 아냐.

다섯째   '부탁합니다'를 '항상[늘] 도와주셔서 감사합니다'로

        친구/연인/배우자에게 "당신이 이걸 도와줘서 늘 고마워~~"

28. 화[禍]를 다스리는 방법은?

[호반새, 경기도 청평호수에서 촬영]

상대방 때문에 "화"가 났다는 생각은
어리석고 무지[無知]한 생각이다.
"화"는 상대가 내가 바라는 대로 안 해 주어서
내가 "화"났다고 생각하자.

인간에게는 동물적인 본능이 있다.
물고기-양서류-포유류-짐승-인간으로 진화[進化]되었기 때문에 인간의
뇌[腦]는 오랫동안 동물적인 무의식[無意識]이 지배하고 있다.
그래서 인간은 무의식이 의식[意識]을 지배하게 되어 있으므로
사람이라면 의식을 무의식에 채우기 위해 많은 노력[努力]이 필요하다.

어느 누구도 내가 바라는 것을 해주기 위해서
이 세상에 태어나지 않았다. 옳다/틀리다. 잘한다/못한다. 맛있다/없다.
예쁘다/못생겼다. 좋다/나쁘다. 학력[學歷] 등을 분별[分別]하지 마라.
분별은 그때그때 다만 내 눈에 비치는 허깨비에 속을 뿐이다.
이 세상은 항상 즐겁고 만족하지만도 않다. 이래서 "화"가 나고 괴롭다.

    푸른 하늘 은하수 하얀 쪽배에 계수나무 한 나무
    토끼 한 마리 돛대도 아니 달고 삿대도 없이 가기도 잘도 간다.
    서쪽 나라로

29. 관포지교[管鮑之交]란?

[호반새, 춘천 청평에서 촬영]

중국 춘추전국시대 제나라의 관중[管仲]과 포숙아[鮑叔牙]의 사귐이 매우 친밀하였다는 고사에서 나온 말로, 아주 친한 친구 사이의 다정한 교제를 일컬음. 관중과 포숙아의 우정이 얼마나 돈독했는지 오늘날 사자성어[四子成語]로 남아있다.

관중의 왈[曰]

"나는 포숙아와 장사를 할 때 늘 이익금을 내가 더 많이 차지했으나 그는 나를 욕심쟁이라고 탓하지 않았다. 내가 가난하다는 걸 알고 있었기 때문이다."

"나는 사업을 하다 실패하였으나 포숙아는 나를 어리석다고 말하지 않았다. 세상의 일에는 성공할 때도 패배할 때도 있다는 걸 알았기 때문이다."

"나는 벼슬길에 나갔다가 번번이 쫓겨났었지만 그는 나를 무능하다고 말하지 않았다. 내가 시대를 잘못 만나 운이 따르지 않았음을 알기 때문이다."

"어디 그뿐인가, 나는 싸움터에 나가 패하고 도망친 적이 한두 번이 아니지만 그는 나를 겁쟁이라고 비웃지 않았다.
내게 늙으신 어머니가 계시다는 걸 알고 있었기 때문이다."

나를 낳아 준 이는 부모님이지만 나를 알아준 사람은 포숙아다.
이것이 관포지교의 우정이다.

30. 좋은 친구와 진짜 좋은 친구란?

[두루미, 강원도 철원에서 촬영]

[칡때까치, 경남 하동 쌍계사에서 촬영]

미국의 자동차 판매왕 조 지라드[joe Girard : 1928년생, 15년간 13,001 대 판매]의 "250명 법칙"에서 한 사람당 알고 지내는 사람이 평균 250명 정도 된다고 한다. 좋은 친구의 조건은 항상 웃는 얼굴/상대를 칭찬하고/약속을 잘 지키고/상대를 배려하고/상대방의 말을 경청하고 등 많이 있지만 이것은 인간관계의 기본 법칙이지 진짜 좋은 친구라 할 수 없다. 진짜 좋은 친구 3명만 있으면 인생 잘 살았다고 한다.
그럼 진짜 좋은 친구란?

첫째 언제나 내 입장을 이해해 주는 사람

너와 내가 다름을 인정하고, 왜 그 사람이 그렇게 말했는지/
그렇게 행동했는지를 그 사람 입장에서 이해해 주는 사람.

둘째 언제나 내 편이 되어 주는 사람

힘들고 어려울 때 내 편이 되어 주는 사람. 배신하지 않는 사람.

즉, 남들이 모여서 내 험담을 하더라도

그 친구는 그렇지 않고 내 편이 되어 주는 사람.

내 편이 되어서 나의 결정적인 비밀을 끝까지 폭로하지 않는 사람.

셋째 어려울 때 함께 할 수 있는 사람

꼭 금전적인 문제만 아니지만, 어렵고 힘들 때 함께하고
도와줄 수 있는 사람. 친할수록 금전적인 것을 조심하라고 하지만,
한 쪽이 경제적으로 여유가 있어 도움을 줄 수 있다.

금전적으로 도움을 줄 수 있다는 것은 그 사람을 믿고/진실 되고/
참된 사람이라는 것을 믿기 때문이다.

31. 눈에 보이는 것만이 진실인가?

[네덜란드 암스테르담 국립 미술관]

그림은 딸 같은 여자[Pero]와 놀아나는 노인[Cimon]의 부적절한 애정행각을
그린 작품이라면서 불쾌한 감정을 나타내기도 한다.
그러나 푸에르토리코의 국민들은 이 그림 앞에서 숙연해져 눈물을
보인다고 합니다. Pero는 Cimon의 딸이고, 검은 수의를 입은 Cimon은
젊은 Pero의 아버지입니다.

Cimon은 푸에르토리코의 자유와 독립을 위해 싸운 애국자였으나
국왕의 노여움을 사 교수형으로 감옥에 갇히게 되어 음식물 "투입금지"
형벌을 내려 서서히 굶어 죽어갔습니다.
아버지가 곧 돌아가실 것 같다는 연락을 받은 딸은 아버지의 임종[臨終]을
보기 위해서 해산[解産]한지 얼마 되지 않은 몸으로 감옥에 갔습니다.
굶어 돌아가시는 아버지 앞에서 무엇이 부끄러운가? Pero는 아버지를
위해 가슴을 풀어 붙은 젖을 아버지 입에 물렸습니다.
이 그림은 부녀간의 사랑과 헌신 그리고 애국심이 담긴 숭고한 작품으로
푸에르토리코인들은 민족의 혼이 담긴 "최고의 예술품"으로 자랑한다.

하나의 그림을 놓고 어떤 사람은 노인과 젊은 여인과의 "애정행각"이라고
비하하기도 하고 "성화" 또는 "명화"를 감상했다고 격찬하기도 한다.
"가장 떳떳한 시간은 잘못된 생각이구나 하고 스스로 인정하는 시간이고,
가장 소중한 시간은 바로 지금 이 순간 내가 생각하는 시간이다."
지금 이 순간 어두운 생각을 하면 어둡게 되고,
밝은 생각을 하면 밝게 된다.

32. 청춘[靑春]이란?

[까막딱다구리, 경기도 용인 향수산에서 촬영]

[까막딱다구리, 경기도 용인 향수산에서 촬영]

청춘은 어느 기간을 말하는 것이 아니라,
불굴의 투지/뛰어난 상상력/
강인한 의지/도전하는 정신.
이런 상태를 청춘이라네.

세월을 거듭한다고 먹는 것이 아니라 꿈을 잃을 때
사람은 늙게 되며 흐르는 세월에 주름살은 생기나 열정[熱情]이
식지 않은 한 언제나 청춘이라네.

사람은 꿈을 가질 때 젊어지고
희망[希望]과 용기[勇氣]를 가질 때 청춘이라네.
사랑할 대상이 생길 때 젊어지고,
도전하고 목표가 있을 때 청춘이라네.

이 땅에 왜 왔는지 이유를 알고/
해야 할 사명이 무엇인지를 알고/
해야 할 숙제가 사라지지 않는 한
그들은 영원한 청춘이요 젊은이라네.

33. 상대방과 대화[對話] 시 주의 할 것은?

[호랑지빠귀, 전북 무주 덕유산에서 촬영]

늘 사람을 만나면 말하고 대화하게 되므로
인간관계라고 하는 것은 대화의 관계다.
대화 후 밤잠을 이루지 못하면서 오늘 왜 그 얘기를
했을까 하고 가슴 치면서 후회하는 경우가 있으므로
대화 시 꼭 지켜야 할 것은.

첫째   말을 많이 하지 말 것

        좀 더 조심하면서 적절하게 말하는 습관을 기르자.

        말이 많으면 많을수록 그만큼 실수할 확률이 높아진다.

둘째   남을 비난/험담을 하지 말 것

        비난과 험담을 당하는 상대가 아니라,

        비난과 험담은 결국 자기 자신을 향한 비수[悲愁]가 되어 돌아올 것이다. 남에게 아픈 말을 많이 하고 아픈 짓을 많이 하면 그것이 결국 자기 자신에게로 돌아오게 되어 있다.

        업보[業報]라는 말이 있지 않는가.

셋째   흥분[興奮]하지 말 것

        우리나라 사람들의 특이한 성향인 다혈질[多血質]

        즉 빨리 흥분하고, 빨리빨리 하고, "욱"하는 성질이 있다.

        대화를 나눌 때는 스스로 자기를 통제하고 흥분하지 말고 감정을 누그러뜨려 가면서 말하자. 이것이 말 잘하는 사람의 특성이다.

넷째   자기 또는 상대방의 비밀을 얘기하지 말 것

        "야 이거 너만 알고 있어" 그것이 극비이면 극비일수록 퍼져나가는 속도는 5G급이다. 특히 본인의 비밀 발설은 천기누설이다.

        본인만의 비밀은 평생 본인만이 가져라.

다섯째   성급한 약속을 하지 말 것

        성급한 약속은 결국 자기 발목을 자기 스스로 잡게 되므로 약속은 신중히 생각하고 한다.

34. 센스[sense]있는 대화법이란?

첫째 남에게 조언/충고할 때

조언과 충고는 서로의 믿음이 견고하지 않으면 조언과 충고는 가능한 하지 않는 것이 좋다. 충고할 때는 상대를 먼저 칭찬 후, "난 잘모르지만" "난들 다 알겠어" "나도 경험이 아주 많은 건 아니지만"이라는 말을 앞에 먼저하고 조언이나 충고를 하자.

둘째 누구에게나 정중하게 말하기

정중하다는 것은 내가 중심이 아니라 상대가 중심이 되는 것이므로 카리스마 있는 상사가 되고 싶으면 부하 직원에게 정중하게 말을 해야 한다.

약속 시 "김 대리, 내일 혹시 퇴근 후 술 한 잔 괜찮아요? 우리 같이 술 같이 할 수 있을까요?"

또는 상사에게 "죄송합니다. 제가 잘 못 알아들었습니다. 다시 한번 말씀해주시겠습니까?"

셋째 조금이라도 남에게 폐가 되었을 때 즉시 사과하기

잘못했을 때 즉시 사과하는 것이 가장 능력 있는 말이다.

넷째 　상대의 약점에 대하여 공감[共感] 자제하기
　　　　남의 인생 간섭하지 마라.
　　　　즉, 너는 그것만 고치면 문제없는데 말이야 등

다섯째 　상대의 반발심을 부르는 말은 자제하자.
　　　　즉, 보통은... 일반적으로... 남자는.... 여자는.... 등. 자기 편견을
　　　　그대로 표현 하는 말은 상대가 동의하지 않는다.

여섯째 　외모에 대한 평가는 하지 말자.
　　　　학교/직장/음식점 등에서 외모 평가는 조심스러운 시대다.

일곱째 　상대가 좋아하는 것 함께 동의하자.

여덟째 　자신의 고충은 말하지 말자.
　　　　고난이 찾아와도 자신이 힘들다고 말하지 말자.
　　　　듣는 사람 열에 아홉 명은 관심 없고, 그중 한 명은 기뻐할 것이다.
　　　　남의 고충을 듣는 것을 즐거워하는 사람은 없다는 것을 알자.
　　　　나의 고충을 편하게 말할 수 있는 사람이 한두 명이면 충분하다.

35. 바람아 불어라.

[어치, 평택시 덕동산에서 촬영]

[어치, 평택시 덕동산에서 촬영]

바람아 불어라.

― 박 현 ―

바람 타고 흘러가는 저 구름은
내 맘처럼 정처 없이 떠돌다가
어느 기슭에 쉬어갈까.
보고 싶은 얼굴들이 하나둘씩
떠오르면
그 어느 날 헤매었던 그 거리 찾아
나서야지~~
바람아 불어라 길을 떠나자.
어차피 머물 곳은 없지 않더냐~~
바람아 불어라 어서 떠나자
저 구름이 흘러가는 곳으로~~
사랑했던 사람들을 다시 한번
안아 보자
다시 한번 만나 보자.
보고 싶은 얼굴들을

36. 진정한 나눔이란?

[붉은배새매, 전북 고창에서 촬영]

나누어야 원수가 되지,

나누지 않고는 어느 누구도 원수가 되지 않는다.

만약, 나누었다면 나눌 수 있도록 해준 것에 대해

감사하게 생각하자.

나는 풍부하니 나눠야지,
나눠야 나에게 많이 들어오지 이런 계산을 하면서 나누면
속이 비어 허전해진다. 만약에 나눔이 나에게 돌아오지 않는다면
계산 착오가 생기므로. 이것이 찌꺼기로 남아 우리를 괴롭게 한다.

나눌 때는 "심장이 콩팥에게 피를 줄 때는 어떻게 주는가를 생각하자."
심장은 한 번도 나누었다고 생각하지 않는다.
좋은 일 했다고 생각하지 않는다. 콩팥에게 헌신[獻身]했다고
생각하지 않는다. 그저 나눌 뿐이다. 이것이 찌꺼기가 없는 나눔이다.

찌꺼기가 없는 나눔은 헤아릴 수 없는 이로운 일을 많이 하는 힘이
나온다. 이 힘이 나오면 우리의 인생은 마르지 않는 샘과 같다.
마르지 않는 샘이니까 퍼도 퍼도 계속 나온다.
그래서 허기[虛飢]가 질 수 없다.
내가 부모/형제/자녀에게 잘했다는 찌꺼기가 남아 있는 나눔이었다면,
그 결과가 나에게 돌아오지 않는다면, 서운하고, 섭섭하고, 미워지고,
화가 나고, 원망이 되고, 원수가 된다. 이게 코스[course : 길]다.
잘못하면 무기로 돌변하여 나에게 돌아올 수가 있다.
내가 숨을 쉬고, 물 먹고, 밥 먹고, 나눌 것이 있어서 나누므로 여기에
감사하는 마음을 가져야지, 계산적으로 돌아오지 않는다고 화를 내고,
싸우고, 만나지도 않고 하면, 하늘이 내려다보고 땅이 쳐다보고 있다.
인간이라면 부끄러운 줄 알아야 한다.

37. 무재칠시[無才七施]란?

[쇠제비갈매기, 인천 영종도에서 촬영]

바깥에서 들어온 재물[財物]은 반드시 나가게 되어 있다.
그러므로 내 안에 있는 여의주 보배[保培]를 이용하여
감동을 주면 영원한 부자가 된다.

"네가 이 일곱 가지를 행[行]하여 습관이 붙으면
너에게 행운[재물]이 저절로 따르리라"

이것은 석가모니 부처님께서 하신 말씀이다.
즉, 우리가 가진 것이 없어도 남에게 베풀 것이 7가지가 있다.
이것이 無才七施다.
감동은 "물질[物質] 또는 돈[錢]이 전부가 아니다."라는 것을 알자.

첫째   손[手]   꼭 잡고 위로해 줄 수 있는 손
둘째   발[足]   걸어가서 함께 해줄 수 있는 발
셋째   눈[目]   쳐다보고 웃어 줄 수 있는 눈
넷째   귀[耳]   하소연을 들어 줄 수 있는 귀
다섯째 입[口]   용기를 주고 격려해 줄 입
여섯째 가슴[胸] 꼭 안아줄 가슴이
일곱째 마음[心] 아무리 퍼 주어도 마르지 않는 좋은 마음을
                  사용하는 것이 감동이다.

전체를 이롭게 하면 복[의식주]이 오고, 자신만 이롭도록 하면 화[괴로움]를 입힌다는 사실을 잊지 않고 마음속에 깊이 새겨두자.

38. 종교[宗敎]를 가져야 하나?

[방울새, 서울 남산에서 촬영]

우리나라는 7대 종교가 있다.

무교	[無敎]	
불교	[佛敎	인도 석가모니]
기독교	[그리스도교/개신교[改新敎]/그리스 정교회]	
천도교	[天道敎	최병희 : 인내천 [人乃天 : 사람이 곧 하늘이다.]
원불교	[圓佛敎	박중빈 개창]
유교	[儒敎	중국 공자를 시조]
민족종교	[民族宗敎	단군]가 있다.

종교를 가질 때는 편견[偏見]을 갖지 말자. 믿을 것만 믿고,
믿을 수 없는 것은 믿지 말자. 이 세상은 보고 싶은 것만 볼 수 없고,
안 보려고 하는 것을 안 볼 수도 없고 때로는 봐야 할 때가 있고,
때로는 못 볼 때도 있다. 우리가 바란다고 늘 이루어지는 것도 아니고,
하고 싶다고 다 할 수 있는 그런 세상이 아니다.

내가 바라는 것은 절대로 다 안 된다.
안 되므로 화[禍]가 나고 바라는 것을 하려고 사기 치는 줄 모르고
무슨 짓이든 다 한다. 그래서 말려들어 속는다.
즉 비정상적인 종교나 조직에 몰입하여 생각을 병들게 하는 그릇된
종교들이 이 세상에 수없이 많다.
종교는 선[善]과 악[惡]의 문제가 아니다. 다만 다를 뿐이다.
타인의 종교를 나쁘게 평가하지 말자.
내 것이 중요하면 남의 것도 중요하니까.
즐거움이 있으면 반드시 괴로움이 따르고. 괴로움이 있으면 반드시
즐거움이 온다. 그래서 우리는 매일 천당과 지옥을 수십 번 왔다 갔다 한다.
천당과 지옥은 이 땅에서만 존재한다.
그 무엇을 이루었다고 해도 좋아하지 말고,
실패해도 괴로워할 일이 아니다.

39. 세상에서 가장 어렵고 힘든 것은?

영국 웨스트민스터 대성당 지하묘비 성공회 주교의 묘비명에서, "내가 젊었을 때, 꿈이 클 때 세상을 바꾸려고 했는데 세상이 바뀌지 않는다는 것을 알았다. 그리고 나이 들어서 나라를 바꾸려고 했는데 그것도 불가능하다는 것을 알게 되었다. 황혼의 나이가 되어서 가족이라도 변화시키려 했는데 달라진 것이 하나도 없다는 것을 알게 되었다. 그리고 이제 죽음을 앞두고 자리에 누워서 생각해 보니 차라리 내 자신부터 먼저 변화시켰더라면 가족이 변화되고, 나라가 바뀌고 세상이 바뀌었을지도 모른다."라는 글귀가 있다.

세상에서 가장 힘든 것은 "나"를 바꾸는 것이 가장 힘들고, 그러기에 "나"를 바꾸는 것이 가장 위대하다. 다시 말해서 "나"를 바꾸는 것이 먼저라고 하는, 그리고 그만큼 어렵다고 하는 것을 상징하는 글귀가 된다. 우리가 살면서 주위 사람들 때문에, 가족들 때문에 또는 직장에서 상사나 부하 때문에 스트레스를 받는 사람들이 대단히 많다.

그리고 그 근본 원인은 왜 이렇게 스트레스를 주면서/받으면서 그렇게 살아가는가를 봤더니, 우리 모두가 자기를 바꾸지 않아서 이 세상에 나쁜 영향을 미치고 있다는 것을 알게 된다.

세상에서 가장 어려운 것은 "나"를 바꾸는 것이고, "나"를 바꾸는 것이야 말로 가장 위대한 것이라고 생각한다. 왜냐면 "나"를 바꾸면 모든 것이 다 바뀌기 때문이다. 우리 모두 "나"를 바꾸는 일에 도전해 보자. 나부터 먼저 바꾸면 가장 위대한 사람이 되는 것이니까.

[큰오색딱따구리, 울주군 언양에서 촬영]

40. 말[言]과 행동[行動]과 생각은?

"태초에 말씀이 곧 하느님이다." 이 말은, 하느님은 창조주이시니 말이
곧 하느님이다. 즉 내가 말한 대로 이루어진다는 뜻이다.
불교에서는 "말이 씨가 된다." 이 말은 씨를 잘 심어야 좋은 열매가 열린
다는 뜻이다. 우리가 한 말 한마디, 생각 한번, 마음 한번, 행동 한번이
우리의 미래와 연결되어 있어 우리들의 삶이 결정된다는 사실을 믿자.
순간순간의 말과 행동과 생각이 우리들의 미래를 결정한다.
말이 생각과 행동을 지배한다. 말이 씨가 된다. 입방정 떤다.
목표 전체를 부정하는 "그거 해서 뭐하냐?" 자기 부정적인 말
"이 나이에" "아휴 나는 그것 못해요" 가능성에 대한 부정인 말
"그게 되겠어요?" 유조선으로 아산만 최종 물막이 공사 때
"이봐, 해봤어?" 현대 정주영 회장님의 어록이다.
그래서 창의성은, 어떤 일에 대해 집요한 사람에게서 아이디어가 나온다.
불평불만 하는 마음/미워하는 마음/섭섭한 마음/부정적인 생각/
찡그린 얼굴/신경질적인 말/상대가 잘해주기를 바라는 마음.
이런 마음들은 고통의 삶이다. 어떤 사물/친구/돈/권력/명예 등에
너무 매달리지 말자. 현재의 일에 최선을 다하자.
그러면 모든 것이 따라온다. 인간의 탐욕[貪慾]은 사람과 사람 사이에서,
사람과 사물 사이 만남에 의해 나타나지만,
그 만남이 끝나면 연기[煙氣]처럼 사라진다. 매달리지 말자.
매달리지 않으면 그 어떤 힘든 마음의 고통도 사라진다.

[홍여새, 전북 군산에서 촬영]

41. 공멸과 자천의 교훈은?

[부엉이, 부산 충렬사에서 촬영]

[파랑새, 평택시 덕동산에서 촬영]

공자[孔子 : 중국 기원전 551 태생]의 조카
"공멸"과 제자 "자천"이 하급 관리로 일을 하고 있을 때,
어느 날 공자는 공멸에게 일이 좀 어떠한지 물었다.
공멸은 어두운 표정으로 이 일을 통해 저는 세 가지를 잃었습니다.
첫째는 일이 많아 공부를 하지 못하였고
둘째는 보수가 적어 부모님께 제대로 봉양하지 못하였고
셋째는 시간이 없어 친구를 잃고 있사옵니다.

공자는 자천을 찾아가 똑같이 물었다. 그러자 자천은 미소를 지으며
이 일을 통해 저는 세 가지를 얻었습니다.
첫째는 책으로 배운 것을 직접 실천해 볼 기회를 얻었고
둘째는 적당한 보수를 받음으로써 근검절약을 몸에 익힐 수 있었고
셋째는 공무[工務]를 하면서 새로운 친구들을 사귈 수 있었습니다.
그들은 같은 일을 하면서도 다른 인생을 살고 있다는 것을
우리는 알 수 있다.
훗날 자천은 노나라 단보라는 지역을 다스리는 훌륭한 군주가 되었다.
"내일의 운명은 당신이 아무리 현명하다 할지라도 말하거나
추측할 수 없는 것. 그러므로 오늘을 헛되이 보내지 마라."

42. 왜, 내 탓인가?

[뿔논병아리, 낙동강 하류에서 촬영]

너나 나나 할 것 없이 인간에게는 원초적인 잘못 3가지가 있다.

첫째 동물로 태어났으면 잘못이 없을 텐데 인간으로 태어났기 때문에
둘째 75억 지구 인구 중에 왜 하필이면 나 또는 너를 만났기 때문에
셋째 세상을 부정적으로 보고 자기 생각에만 의지하여
　　　상대의 약점/잘못한 것 등을 불평불만만 했기 때문이다.
　　　개인의 생각은 허상[虛想] 또는 착각[錯覺]이다.

우연히 일어난 불행과 괴로움은 절대 없다.
인연과보[因緣果報]란 말이 있지 않은가.

지금 내가 받는 불행과 괴로움은 과거에 내가 지은 것이다.
만약 불쾌한 말을 들었을 때 상대방에게 나의 과거,
잘못된 생각과 말을 소멸 시켜 주어서 "덕분입니다."라고 말하면
말이 씨가 되어 덕 볼 일이 생긴다. 원만한 인간관계를 형성하려면
도움을 주고 도움을 받는 관계가 되어야 하고, 서로 다름을 인정,
즉 개인차와 개성 차이를 서로 인정해야 하고,
깔끔 떨고/원리원칙만 따지지 말고, 즉 걸쭉하게 사귀고,
모임의 강점을 활용.
즉, 동고동락[同苦同樂]해야만 좋은 인간관계가 형성된다.
"몸 가는데 마음 간다." "눈에서 멀어지면 마음도 멀어진다."라는
말이 있지 않은가.

43. 왜, 꿈을 크게 꾸어야 하는가?

[물수리, 부산 을숙도에서 촬영]

꿈의 크기가 자신이다. 꿈이 작으면 에너지를 적게 쓴다. 세상을 변화시키려면 지금 여기에 있는 사물/직업/사람에게 감사하고 존중하라.

"정말로 소중한 사람이 되어 이 세상을 변화시키며 공헌[貢獻]하여
다함께 잘사는 세상을 만드는 위대한 인물이 되어야겠다"라는
큰 꿈을 가져라. 이 세상을 변화시키는 것은 사람이지만
사람을 변화시키는 것은 교육[敎育]과 반복 훈련[訓練]이다.

코이피쉬[koi fish : 비단잉어]는 필자가 거주하고 있는 부산 동래구
충렬사에서 많이 키우는 관상어이다. 필자의 손자와 함께 먹이를
주는 행복한 추억이 있는 곳이다.
그런데 비단잉어는 자라는 환경에 따라 몸 크기가 달라지는 특징이 있다.
작은 수조에서 사는 비단잉어는 5~8cm밖에 자라지 않는다.
그러나 큰 강에 사는 비단잉어는 90~120cm까지 자랄 수 있다고
알려져 있다. 이렇듯 비단잉어는 어떤 환경에서 자라느냐에 따라
작은 물고기가 되기도 하고 대어[大漁]가 되기도 한다.
비단잉어가 주변 환경의 크기에 따라 성장하듯이 사람은 자신이
꾸고 있는 꿈의 크기에 따라 큰 사람이 되기도 하고,
평범한 사람이 되기도 하고, 쓸모없는 사람이 되기도 한다.
사람의 능력은 하늘과 같이 창대[昌大]하고/땅과 같이 광대[廣大]하여
그 가능성이 무한[無限]하여 있는 그대로가 위대하다.
꿈[선택]에 따라 능력이 다르니 꿈을 크게 가져라.

44. 세상을 바꿀 수 있는 힘이란?

[두루미, 강원도 철원에서 촬영]

처음부터 잘 하는 사람은 없다.

진짜 잘 하는 사람은 딱 한 가지가 다른데,

그건 바로 꾸준한 사람입니다. "반복" 또 "반복"해서 말이지.

기원전 5세기경 활동한 고대 그리스의 대표적인 철학자인
소크라테스[Socrates]가 제자들에게 제안을 했습니다.
"모두들 팔을 최대한 앞으로 뻗었다가, 다시 뒤로 뻗어 보세요.
그리고 오늘부터 이 동작을 매일 열 번씩 반복하세요.
이것을 자신과의 약속이라 생각하는 겁니다. 모두 할 수 있겠죠?

그로부터 1년이 지난 후,
소크라테스[Socrates]는 제자들에게 물었습니다.
"내가 1년 전에 제안했던 팔 운동을 지금까지 하고 있는 사람은
손을 들어 보세요." 그런데 스승의 제안을 까맣게 잊고 있던 제자들 중
딱 한 사람만이 손을 번쩍 들었습니다.
소크라테스[Socrates]는 말했습니다.
"당신이라면 세상을 바꿀 수도 있겠군요." 손을 든 그 제자는
다름 아닌 훗날 대철학자가 된 플라톤[Platon : 고대 그리스 철학자,
아리스토텔레스의 스승, Academy 학당을 세움]이었습니다.
플라톤의 명언[名言] 중에는
"현명한 사람은 할 말이 있기에 말을 하고,
멍청한 사람은 무엇이든 말을 해야 하기에 말을 한다."
"누군가 당신에 대해서 나쁜 말을 한다면 아무도 그 말을 믿지 않을 것이
라는 생각으로 살아라."

45. 진로[進路]를 결정할 때는?

[후투티, 경주 황성공원에서 촬영]

이 세상은 우리가 원하는 대로 안 돌아간다. 안 돌아가는 게 정상이다.
안 돌아가는 게 정상이면 안 되면 괴로워할 일이 아니다.
안 되어도 포기하지 마라. 포기가 반복되면 실패의 원인이 된다.
안되니까 더 좋은 방법을 찾아 연구한다.
그래서 발전하는 게 이 세상이다. 우리에게는 실패라는 말이 없다.
연습이라 생각하자. 될 때까지 한다.

그러면 진로를 결정할 때는

　　첫째 정말로 원하는 것인가.
　　둘째 즐기면서 할 수 있는가.
　　셋째 대가[代價]를 치를만한 가치가 있는가.
　　넷째 달성하면 자존감[自存感]을 지킬 수 있는가.

사람은 자신감과 함께 젊어지고, 두려움과 함께 늙어 가고,
희망이 있으면 젊어지고, 실망이 있으면 늙어 간다.
실패를 두려워하지 말자. 나만 실패한 것이 아니다.
누구나 다 실패를 거듭하면서 성장한다.
아무것도 보이지 않지만 오늘/지금 하고 있는 일에 최선을 다하다 보면
어느덧 목표치가 저만큼 보인다.

46. 성공[成功]하고 싶으면?

[황로, 경기도 광명에서 촬영]

일시적 행복은 쾌락[快樂]이다.

술/흡연/노래방/여행/오락 등은 일시적이다.

그래서 후회만 남는다.

첫째   의식주를 스스로 해결하기 위해 전체를 이롭게 하는 전문기술.
둘째   그 전문기술로 나눔
       [서로 협력하고, 도움을 주고, 재능과 재물을 나누라]
       이 세상은 나누면 곱으로 돌아온다.
셋째   신뢰[도덕적인 삶 : 바르게 삶. 즉 믿음], 착한 삶은 아니다.
       위 3가지를 기본적으로 갖추고, 성공[행복]의 열쇠는 나에게 있다
       는 생각을 가지고, 과거를 깡그리 잊어라. 사회 규칙을 지키고,
       노력하는 것을 알려라.

세상에서 가장 못난 불평 두 가지는 지쳤다고 투덜대는 것과 기분이
안 좋다고 푸념하는 것이다.
나의 부정적인 감정을 표현하는 것은 시간 낭비이다.
그것은 부정적인 영향과 부정적인 결과물이 더 많다.
그래서 성공하지 못한다.

47. 다 함께 잘 살기 위한 방법은?

[저어새, 강화도에서 촬영]

괴로움과 즐거움은 반드시 매일/매시 반복한다.

어둡고 괴로운 고통을 이겨내면 반드시 밝고 좋은 날이 오게 되어있다.

이것이 음양[陰陽]의 법칙이다.

밤[陰 : 괴로움]이 오면 반드시 낮[陽 : 즐거움]이 온다.
너무 무겁게 오지 않은 미래에 매달리거나 과거에 매몰되지 말자.

우리의 삶은 항상 어려운 일[苦 : 고통]이 먼저 오고
다음에 복[福 : 즐거움]이 온다.
이것이 전화위복[轉禍爲福]이다.
그렇기 때문에 지금 화내고, 미워하고, 부정하고, 걱정하지 말자.
지금의 아픈 고통은 시간이 지나면 좋은 추억이 된다.
상대에게 서운한 마음/섭섭한 마음/화를 내고/미워하는 마음을 가지면
그것이 장애[障碍]가 되어 내가 하는 모든 일이 안 된다.
그러면 다 함께 잘 살기 위한 방법은.
상대방 또는 직장에서

첫째 사정을 알고[어떤 환경/여건에 처해 있는지], 이해를 하고
둘째 무엇이 필요한지를 알고
셋째 나는 무엇을 도와줄 수 있는가를 생각하자.

48. 한국 식음료 세계에서 TOP of TOP 10가지는?

1 과일 소주

동남아 지역과 북미지역에서 선풍적인 인기

2 아침햇살

베트남에서 상품명 모닝라이스로 판매.
코카콜라보다 다섯 배 비싼 음료.
베트남 국민 음료로 각광받음

3 롯데 밀키스

러시아에서 인기. 4억 캔 이상. 150억 원의 매출

4 박카스

캄보디아, 2017년 기준 626억 원 매출 특히 베트남에서는 박항서 감독의 이름인 '박캉쓰어'와 비슷하여 인기 있다고 함.

5 도시락 컵라면

러시아 라면시장 점유율 60% 점유.
러시아 국민 라면으로 인기 상승

6 신라면

미국 전역에서 인기 상품. 8천 600억 원
매출 올림.

7 불닭볶음면

2천억 원 수출

8 메로나

하와이, 특히 브라질에서
국민 아이스크림으로 인기. 개당 2,500원

9 초코파이

4,150억 원의 매출. 중국,
특히 베트남[12개 1박스 2,500원]에서는 제사상/
결혼식 하객의 답례품으로도 사용한다고 함.

10 비비고 왕만두

중국의 만두 브랜드 "링링"을 꺾고 미국 만두시장
1위. 3,420억 원의 매출을 올림

49. 나에게도 행운[幸運]이 올 것인가?

[소쩍새, 울산 서생면에서 촬영]

기준이 낮아서 타락하고,

목표가 흐려서 방황하고,

꿈이 작아서 게을러진다.

게으른 사람이 불운을 탓하는 사이에

부지런한 사람은 행운을 만든다.

목표란?

언제까지 어떻게 하겠다는 것을 정하는 것이 목표다.

목표가 없으면 실천을 못 하기 때문이다.

목표를 정할 때는 10년 또는 30년 뒤 어디서[장소] 무엇을 하고 있나.

나는 누구와 무슨 목적으로 무엇을 하고 있나.

10년 또는 30년 후 세상 사람들이 나를 어떤 사람이라고 평가하는가를 생각하면서 목표를 정하고

첫째   할 수 있는 것부터 하자
      부모님들은 항상 하고 싶은 것부터 먼저 하라고 한다.
      이는 잘못된 교육이다. 할 수 있는 것부터 하자.

둘째   할 수 있는 것부터 하고, 준비하여 하고 싶은 일을 하자.
      단, 주인이라는 생각을 갖고 하자.

셋째   세상에서 꼭 필요한 사람이 되는 것이 무엇인가 생각하자.
      순으로 정하고 인생에서 조심해야 할 세 가지가 있다. 초년에 성공하는 것과 중년에 방황하는 것 또 말년에 빈곤한 것이다. 마음에 품은 생각은 반드시 행동으로 표시되고 실천해야만 그 씨앗을 움틀 수 있으니까.
      천 리 길도 한 걸음부터 작심삼일[作心三日]이라도 좋다.

50. 행운[幸運]을 부르는 행동은?

[파랑새, 평택시 덕동산에서 촬영]

석가모니 부처님 말씀 중에 가진 것이 아무것도 없는 사람도 남에게 베풀 것이 7가지가 있다.
이것이 "무재칠시[無材七施]"이다. 나는 오늘 행운[재물]을 부르는 신 무재칠시[新 無材七施]를 여러분들에게 소개한다.

첫째   배려운전/양보 운전하기

둘째   사회적 약자[乙]를 살갑게[존중] 대하기
      종업원이 고생하여 서비스를 잘 해주면 "고맙습니다."

셋째   선플[sunfull : 격려댓글]달기

넷째   남[이웃]을 배려하기
      APT 내에서 개 짖는 소리/흡연/고성방가/자동차 경음기 울림 등
      안 하기와 공공장소에서 사회규범을 지키기.

다섯째 환경에 기여하기
      쓰레기 분리수거, 고속도로 휴게소 쓰레기, 골목길 커피 빈 컵,
      담배꽁초 등 안 버리기

여섯째 기성세대[期成世代]와 신세대[新世代]가 서로 존중하기
      꼰대들의 말은 오랫동안 살면서 경험을 표현한다고 이해하고,
      신세대가 싹수없는 말을 할 때 젊은 날의 내가 어떻게 했는가를
      돌아보면서 그들이 왜 그렇게 반항적인 말과 행동을 하는지를,
      우리의 젊은 날을 돌아보면서 한 번쯤 이해하는 계기가
      되었으면 한다.

일곱째 고맙습니다. 감사합니다. 표현하기
      양보 운전해 주면 "깜박이"를, 종업원이 아름다운 서비스를 하면
      "고맙습니다." 乙을 존중하는 이런 작은 배려는 우리가 가진 것이
      없지만 남에게 늘 베푸는 사회가 될 수 있게 하면 행운을 부르는
      기운이 나에게 반드시 오게 되어 있다.

"대접받고 싶은 대로 남을 대접하라." - 마태복음 7장 12절 -

51. 콩 심어 놓고 팥 나기를 바라는 마음은?

[청딱따구리, 울산 태화강 상류에서 촬영]

콩 심은데 콩 나고, 팥 심은데 팥 난다.
콩 심고 팥 나기를 바라는 마음은 탐욕[貪慾]이다.

어찌 농부가 밭을 탓할 수가 있나. "내가 심은 대로 거둔다."
이것은 만고불변[萬古不變] 자연[自然]의 법칙이다.
어떤 일을 진심으로 하고 싶다면 아무리 바빠도
시간을 쪼개어 무엇이든 심을 것이다.
사람들이 일을 벌이지 않는 것은 그만큼 간절히 원하지 않기 때문이다.
그러면서 애꿎은 시간과 환경 탓만 한다.

자기가 열심히 노력해서 부자, 출세하는 것은 탐욕이 아니고
정상적인 삶이다. 노력하지 않고 부자, 출세하겠다는 생각을 갖는
마음이 탐욕이다. 콩 심어 놓고 팥 나기를 바라는 마음으로 느낌 또는
감정[사주풀이/삼재풀이/부적/개명]에 의지하여 요행을 바라는 것은
어리석은 사람이다.
플라시보 효과[placebo effect : 가짜 약으로 치료하는 심리 효과]다.
이 세상은 종교적인 생각처럼 기도만 하면 다 이루어지는 그리 만만한
세상이 아니다. 물론 기도의 의식도 중요하지만,
노력 없이는 내 생각[靈魂]과 내 육신[肉身]을 유지할 수 없다는 것을
깨달아야 한다.
출발선에 서보면 안다. "연습"이 필요했음을. 뛰어 보면 안다.
"시작"이 중요했음을. 그 길 끝에 서면 안다. "경험"이 중요했음을.

52. 운명[運命]을 바꿀 수 있는가?

[칡때까치, 경남 하동 쌍계사에서 촬영]

과거는 이미 지나갔기에 매달리지도 말고,
후회하지도 말고 후회하면
걸림돌이 되니 반성하여 디딤돌로 만들자.
오지 않는 미래를 생각하여 걱정하지 말자. 미래는 허상[虛想]이다.
지금 이 순간/여기서 최선을 다하면 이 모습이 미래의 내 모습이다.

이 세상은 나의 노력과 주위의 도움으로 굴러가고 있다.
돌감나무에 단감나무를 접붙이면 단감이 열려
돌감나무의 운명이 바뀌듯이.
세상을 바라볼 때 감사한 마음을 가지고, 자기가 하는 일이 주위에
이로운 일이면 "잘 되겠지" 하는 긍정적인 사고를 가지고
즐겁게 행[行]하면 운명도 바꿀 수 있다.

가장 가치 있고 의미 있는 시간은 오늘/이 순간 최선을 다한 시간이다.
이 세상에서 생긴 것은 무조건 없어진다.
어떤 칭찬과 비난에도 집착하지 말자. 그냥 없어진다.
잘하는 것이 있으면 못하는 것도 있고,
못하는 것이 있으면 잘하는 것도 있으니까.

53. 운명을 바꾸는 대화[對話]와 대답 요령은?

[두루미, 강원도 철원에서 촬영]

대화는 토론과 다르다.

대화를 할 때는 즐겁게, 하고 나서 후유증이 없어야 한다.

즉, 들어서 기분 좋고 말해서 기분 좋으면 끝난다. 좋은 대화법은?

첫째 시시비비[是是非非]를 가리지 말 것

   대화 중에 좋다/나쁘다. 맞다/틀렸다.

   턱도 없는 소리 말라 등 따지지 말라.

   상대가 턱도 없는 소리하면 그냥 허허허 하고 웃어넘기자.

둘째 상대방의 약점/비난/험담을 하지 말 것

   "내가 짓고 내가 받는다."는 속담이 있듯이,

   상대의 험담은 반드시 나에게 돌아오게 되어 있다.

셋째 대화 시 독점/경쟁/자랑하지 마라.

넷째 상대를 가르치려 하지 말고, 말하기보다는 들어주자.

다섯째 기분 좋은 말을 해 주자.

▶ 운명을 바꾸는 좋은 대답은?

가능한 짧은 대답은 하지 마라. 예~, 네~ 하는 이 힘없는 대답 하나가 상대방의 기분을 좌우한다. 좋은 대답은 "예[네] + OO님"이다. 즉, 예[네]+아버[어머]님, 예+원장님, 예+교수님 예+고객님, 예+과장[부장]님 등이다.

54. 내가 짓고 내가 받는 이유는?

[흰눈썹황금새, 부산 금정산에서 촬영]

[흰목물떼새]

「부처님」의 말씀 중에 "천상천하 유아독존"이란 말씀이 있다.

"나 아닌 것이 나를 도와서 내가 존재하므로 나 아닌 것이 곧 나다.
이 세상은 전부 나다."

「예수님」의 말씀 중에

"내 이웃은 내 몸이므로 내 몸같이 보살펴라."

상대방이 잘 안되면 나도 잘 안 된다는 마음을 가져 상대방을 먼저
즐겁게 하면 자기 자신이 훨씬 더 즐거워진다.
내가 상대에게 준 만큼 나에게 곱으로 돌아온다.
이 세상은 상대에게 나누면 나에게 곱으로 돌아오게 되어 있는 구조다.
그래서 세상은 나누기 곱하기 법칙이라 한다.

어떤 물질을 받고자만 하는 마음
어떤 대우를 받고자만 하는 마음
어떤 존중을 받고자만 하는 마음 이런 마음은
우리를 더욱 고독하게 만든다.

내가 먼저 나누고, 상대를 먼저 대우해 주고, 상대를 먼저 존중하면,
내가 내 이웃이고 내 이웃이 내가 되지 않을까.

55. 삶의 경쟁에서 승리[勝利]하는 방법은?

[재두루미, 강원도 철원에서 촬영]

중국계 미국인인 쑤린이라는 사람이 쓴 하버드 대학 출신 엘리트들의 성공 노하우를 다룬 책, "어떻게 인생을 살 것인가?"에서 나오는 우화[寓話] 하나를 소개하겠습니다.

사냥꾼이 사냥을 나서서 토끼를 발견하고 총을 쏘았습니다. 그러자 총알을 맞은 토끼가 절뚝거리면서 도망을 가지요. 그 토끼를 향해서 사냥개가 쫓아갑니다.

그런데 토끼는 다리를 절뚝거리면서도 뛰어가
사냥개를 따돌리는데 성공합니다.
그 주인이 토끼를 놓친 사냥개에게 화를 냅니다. "왜 토끼를 놓쳤느냐. 다리를 절뚝거리는 토끼를." 그러자 사냥개는 주인에게 말을 합니다. "나는 최선을 다했습니다." 반면에 절뚝거리면서 집에 돌아온 토끼를 친구들이 에워싸고는 놀랍다는 듯이 묻습니다. "다리를 다쳤는데 어떻게 사냥개를 따돌렸냐?" 그러자 토끼 왈[曰], "사냥개는 최선을 다했지만, 나는 죽을힘을 다해 전력투구[全力投球]했거든. 사냥개는 나를 못 잡으면 꾸지람을 듣는 것으로 끝나지만 나는 목숨을 잃잖아." 맞습니다. 우리는 흔히 최선을 다한다지만 최선을 다하는 것보다는 죽을힘을 다해 전력투구해야 만이 이 치열한 경쟁 사회에서 살아남을 수 있다는 교훈[教訓]을 얻게 됩니다.
또, 수수께끼 하나 소개하지요. 사자와 호랑이가 싸우면 누가 이길까요? "호랑이가 이긴다"라고 하고, "사자가 이긴다"라고 하고, "힘 센 놈이 이긴다"라고 하고, "싸워 봐야 안다" 등 여러 대답이 나올 수 있겠지요. 정답은 "배고픈 놈이 이긴다"는 것입니다. 절실한 쪽, 즉 헝그리[hungry : 배고픈] 정신이 있는 사람이 삶의 경쟁에서 이긴다는 것입니다.
결국, 삶의 경쟁에서 승리하는 방법은 최선을 다하는 것을 뛰어넘어서 죽을힘을 다해 전력투구하고, 항상 헝그리 정신을 가지고 있어야 이 험난한 세상에서 살아남을 수 있다는 것입니다.

56. 인간관계의 먼저 내세워야 할 조건[條件]은?

[쇠제비갈매기, 인천 영종도에서 촬영]

이 세상은 부모/형제자매/이웃/동료/선·후배 등
많은 사람들과 함께 어울려 살아가고 있다.
직장생활 또는 사회생활에서 가장 기본이 되는 것이 인간관계다.
이 인간관계에서 먼저 내세워야 할 조건은.

첫째 　진실하고 솔직해야 한다.
　　　즉, 신뢰[믿음]이다. 나는 상대방에게 신뢰를 주고 있는가를
　　　수시로 자문[自問]해 보아야 한다.

둘째 　서로 배풂[도움]이다.
　　　기본적으로 서로 도움이 되는 관계가 아니면 인간관계가 아니다.
　　　만나면 즐겁고, 말 한마디 응원해 주는 것도 큰 도움이 된다.
　　　그래서 나는 지금 만나고 있는 사람에게 도움이 되는가를
　　　자문해 보자.

셋째 　시간이다.
　　　즉, 사람을 만나면 빨리 평가하지 말고 지켜보자. 처음에 살갑게
　　　다가오는 사람 뒤통수 때리는 경우도 있으니 주의 깊게 보자.
　　　처음에 무뚝뚝한 사람이 시간이 지나고 나면 진국이 될 수 있다.
　　　사람의 정[情]은 시간이 축적됨으로써 쌓이는 것이다.
　　　눈에서 멀어지면 마음도 멀어진다. 함께하는 시간이 작아지면
　　　인간관계가 무너진다. 즉, 동고동락[同苦同樂]해야 인간관계가
　　　형성된다. 따라서 신뢰/도움/시간이 인간관계를 형성하는 가장
　　　기본이요, 전제조건[前提條件]이 될 수있다.

57. 부모와 자식사이는?

[참매, 경기도 포천에서 촬영]

부모와 자식은 다르다. 다르기 때문에 가치가 있고, 소중하다.

이 세상에 어느 누구라도 내 마음에 들기 위해 태어나지 않았다.
부모와 자식, 직장, 사회에서도 마찬가지다.
마음에 안 드는 것은 당연하게 받아들여라.
필자는 산골에서 태어나 자라면서 소/돼지/닭 이들의 생활을 늘 보고 자랐다. 자연계 동물들은 어느 정도까지 어미가 새끼를 보살피고 적당한 시기가 오면 영원히 볼 수도 만날 수도 없이 헤어진다. 우리 인간도 거대한 자연계 동물의 사이클과 뭐가 다를까 하고 생각해 본다.

유대인들은 13세가 되면 성인식[아브라함의 후처의 자식인 이스마엘이 시초]을 치러 스스로 독립하여 세상에서 살아갈 수 있도록 하여 오늘날 미국 경제를 좌지우지하고 있다.
우리도 시대에 따라 20세까지는 부모가 자식을 돌보고 20세가 지나면 자기 스스로 삶을 개척하고 세상을 살아가는 방법을 찾도록 하는 것이 올바른 가르침이 아닐까.
신[神]이 인간에 준 하나의 선물은 생각할 수 있는 능력을 부여하였기에 우리는 생각을 하면서 살자.
부모가 자식에게 잘못을 꾸짖으면 자식은
"예, 알겠습니다." "죄송합니다." 하고 자기 방식대로 살아간다.
왜냐면 자기 인생은 자기 스스로 개척해야 하므로 부모라고 해서 전부 옳은 것은 아니다.
대답은 슬기롭게[꿀떡 같이] 하고 행동은 자기 방식대로 한다.

58. 부모가 자식에게 제일 먼저 가르쳐야 할 교육은?

[쇠제비갈매기, 서해 아산만에서 촬영]

첫째　네가 우리를 선택해 주어서 감사하다.

　　　임신하려고 노력해도, 또 임신이 되어도 자녀가 이 세상에 오지 않은 이유는 부부가 자녀를 가질 결정권이 있는 것이 아니다. 자녀가 부모에게 인연이 와야 하는 것이다.

　　　그래서 "네가 우리를 선택해 주어서 감사하다."라고 얘기한다.

　　　그러면 자녀는 죽을 때까지 부모를 원망하지 않는다.

　　　왜 자녀가 부모를 선택했기 때문이다.

둘째　숨 쉬고 밥[젖] 먹는 것

　　　주위 사람과 하늘과 땅, 즉 주위의 덕분으로 살아가고 있다는 것을 알려 늘 감사하며 살아야 한다고 교육시켜라.

　　　그러면 죽을 때까지 부모 또는 세상에 불평, 불만 안 한다.

셋째　이 세상에서 변하는 것은 믿지 말고, 변하지 않는 법칙을 믿고 의지하라고 교육시킨다.

　　　사람 마음도 변한다. 부모도 변한다. 그래서 믿을 것이 못된다.

59. 자녀[子女]를 어떻게 키울 것인가?

[꼬마물떼새, 부산 낙동강에서 촬영]

[흰목물떼새]

부부는 서로 약속의 관계지만 자식은 약속의 관계가 아니고
절대적인 관계이다.
즉, "내가 낳아 줄 테니 내 자식 될래?" 이런 약속의 관계가 아니고
절대적인 관계다.
자식이 성년이 될 때까지는 자식에게 무한한 사랑을 줘야 한다.
이 무한한 사랑은 부모의 책임이자 의무이다.

- ▶ 0세에서 3세까지는 자아가 형성되는 시기이므로 부모가 항상
  안아주고/먹이고 해야만 아이의 정서가 안정을 이룬다.
  이 시기 타인의 손에서 아이가 자라면 불안/초조함을 느껴
  훗날 빗나갈 확률이 높다.
- ▶ 유치원과 초등생 때는 부모를 따라 하려 하는 아이의 성질이
  있기 때문에 부모는 자식 앞에 모범을 보여야 한다.
- ▶ 사춘기 시절에는 수많은 실수를 반복하면서 자립을 위한
  준비 단계이므로 이때 미리 도움을 주면 자립심을 잃게 되므로
  지켜보고만 있어야 한다.
  자녀가 도와 달라고 할 때 도와줘도 늦지 않다.
- ▶ 성년이 되면 부모는 자식과의 정을 끊어서 스스로 살아갈 수
  있도록 만들어 줘야 현명[賢明]한 부모다.

60. 자녀 교육을 위한 기초공사는?

[뿔논병아리, 낙동강 하류에서 촬영]

첫째   자녀를 존중하라

왜냐면 자녀는 부모보다 경험을 많이 하고 공부를 많이 하다가
늦게 태어날 수밖에 없는 사연이 있다고 생각하라.
그래서 부모는 자녀를 나보다 한 수 위라고 바라보아라.
그러면 자녀는 한 수 위가 된다.
부모보다 어리다고 생각하여 부모가 자녀보고
이래라/ 저래라 한다면 창의력이 떨어진다. 우리 아들/ 딸 덕분입니다.
우리 아들/ 딸이 최고입니다. 센 척/잘난 척하면
모든 가족의 기[氣]가 다운되고 운[運]도 다운된다.

둘째   수평적인 관계와 순간순간에 마음/말/행동 등을
　　　　조심하는 것을 기본으로 하고
- 존댓말[세계적인 아드님, 세계적인 따님]
- 질문을 하고, "이래라/저래라" 지시는 하지 마라.
  창의력이 떨어진다.
- 어떻게 하면 공부가 잘될까? 왜 그런 생각을 했니?
  다른 생각은 없니?
  더 좋은 방법[방향]은 없니?`

셋째   스스로 답을 찾게끔 칭찬/격려/위로를 한다
　　　　이것이 진정한 코치[coach : 지도자]다.
- 부처님/예수님/천지신명은 코치가 아니다.
  스스로 답을 찾게 하라.
- 학교에 가서 "뭘 배웠니"는 쓰지 말고 "뭘 질문했니"라고 해라.

넷째   아무리 속상한 일이 있어도 절대로 자녀 앞에서 상대방을
　　　　무시하고, 싸우지 마라
　　　　이것은 자녀들에게 불행의 씨앗을 심는 것과 같다.

다섯째 부모는 자녀에게 잘해줬다는 생각을 하지마라.
- 이것은 부모가 자녀에게 잘해줬다는 찌꺼기가 남아서 이게
  나중에 서운하게 생각나게 하는 빌미를 제공해서 섭섭하고
  좀 더 심하면 화가 나고, 미워지고, 원수가 된다.

61. 최고수[最高手]를 만드는 부부[夫婦] 비결은?

[두루미, 강원도 철원에서 촬영]

남자는 무게 중심이 아래에 있기 때문에 중심을 잡아야 하고,
여자는 무게 중심이 위에 있으므로 중심 잡기가 어렵다.
그래서 가정에서 기쁜척/약한척/못난척 풍수(風水)를 떨어야 한다.
최고의 아내가 최고의 남편을 만든다.

배우자[配偶者]란 서로 공부하면서 배우자라는 뜻이다.

아내[婦]의 입장에서는 남편[夫]의 기[氣]를 살려 운[運]이 좋게 한다.

"입꼬리를 귀에 걸고, 당신 덕분에 오늘도 행복합니다. 당신 최고입니다."
라고 한다.

잘난 척, 센 척하면 가정의 기[氣]와 운[運]을 밀어낸다는 것을 명심하자.

남편 출근할 때 엉덩이 '탁' 치면서 당신 최고야 하면 아랫배에 기운이 들어 기[氣]가 살아나 하는 일이 잘되어 운[運]도 좋아진다.

그래서 돈도 잘 번다. 최고의 눈에만 최고가 보인다.

남편은 잠자기 전에 아내의 귀에다 대고 당신 덕분에 오늘도 잘 보내서 감사합니다. 또, 새벽 4시에 기상하여 1시간 이상 공부하여 출근한다.

실력만이 내 아내와 가정을 지킬 수 있는 유일한 방법이다.

62. 좌우명[座右銘]이란?

[두루미, 강원도 철원에서 촬영]

[재두루미, 강원도 철원에서 촬영]

좌우명이란 늘 옆에 갖추어 두고 가르침으로 삼는 말이나 문구가
좌우명이다. 즉, 나의 마음속에 있는 기준이라고 할 수 있다.
좌우명은 자기대화[自己對話]를 통해서 자기암시[自己暗示]를 하고
그럼으로써 자기통제[自己統制]를 한다. 나를 반성하고 내 행동을
통제하면 자기 변화가 일어나고 자기 변화가 일어나면 삶의 목표에
접근하기가 좀 더 용이해지고, 품격[品格] 있는 행동을 하게 되고,
또 품격 있는 삶을 가꾸게 된다. 그래서 마음이 흔들릴 때 나를 다스릴
수 있는 기준을 가지고 있는 것이 좋다. 좋은 좌우명은.

"이 또한 지나가리라."
"10-1은 꽝이다."
"해야 될 것은 하고 하지 말아야 될 것은 하지 않는다."
김혜자 선생님 "오늘을 사세요. 눈이 부시게."
조관일 박사님의 "한 템포 늦게 말하기."
"당신은 나의 적[敵]이 아니라, 나하고 방식과 생각이 다를 뿐."

오늘 내 마음아 세상을 밝게 보아라.
싸워서 이기는 자는 고수[高手]이고,
싸우지 않고 이기는 자는 최고수[最高手]이다.

63. 이 또한 지나가리라 [This, Too, Shall Pass Away]

[재두루미, 강원도 철원에서 촬영]

[재두루미, 강원도 철원에서 촬영]

– 랜터 윌슨 스미스 Lanta Wilson Smith –

큰 슬픔이 거센 강물처럼 네 삶에
밀려와
마음의 평화를 산산조각 내고
가장 소중한 것들을
네 눈에서 영원히 앗아갈 때면
네 가슴에 대고 말하라
"이 또한 지나가리라"

[중략]

너의 진실한 노력이 명예와 영광
그리고 지상의 모든 귀한 것들을
네게 가져와 웃음을 선사할 때면
인생에서 가장 오래 지속된 일도,
가장 웅대한 일도
지상에서 잠깐 스쳐가는
한 순간에 불과함을 기억하라
"이 또한 지나가리라"

64. 10 - 1 = 꽝이다. 왜 꽝인가?

[호반새, 청평 호수에서 촬영]

무슨 일을 할 때는 반드시 반작용[저항]이 있음을 알고
그 저항을 받아들일 줄 알아야 한다.

열 번 잘하다가 한 번 잘못하면 열 번 잘한 것은 알아주지 않고
한 번 잘못한 것만 계속 얘기하는 것이 인간의 본성이다.
열 사람에게 잘하다가 한 사람에게 잘못하면
그 한 사람이 나불나불하여 평판이 좋지 않아
열 사람에게 잘한 것은 "꽝"이 될 수 있다.

가장 많이 아플 때 건강의 의미를 알게 되고,
가장 궁핍할 때 만족의 의미를 알게 되고,
가장 많이 짓눌릴 때 자유의 중요성을 알게 되며,
가장 굴욕스러운 순간에 영광스러움이 무엇인지 깨닫게 된다.
그래서 꽝이 되더라도 11번째도 잘해야 되겠다는 마음을 갖자.
왜, 우리가 흘린 눈물이 우리를 눈뜨게 하므로.

65. 왜, 기본[基本]에 충실해야 하는가?

[물까치, 진주 진양호에서 촬영]

[긴꼬리딱새, 충북 보은 속리산에서 촬영]

그대들에게

살아가면서 기본에 충실하자.

공부도, 운동도, 기본이 제대로 되어야 한다.

그림 한 점 그리는데

보름이 걸리면 파는데 삼 년이 걸리고

그림 한 점 그리는데

삼 년 걸리면 파는데 금방 팔린다.

파블로 피카소[스페인, 1881~1973]는 데생을 이십 년이나 했다.

기본이 철저했다.

"콩 심은 데 콩 나고, 팥 심은 데 팥 난다."

모두 열심히 노력하여 아름다운 콩도 되고 팥도 되길 빈다.

"아름다운 입술을 가지려면 아름다운 말을 하고,

건강한 몸매를 가지려면 너의 음식을 나누어라."라는 말이 있듯이

우리 주위의 가족과 이웃이나 처음 보는 사람들에게도

아름다운 말로 화답하고, 불우한 주변 사람들에게

작은 것이라도 함께 나누며 사는 그런 기본

만들기 세상을 물까치와 함께 소망해본다.

66. 나에게 걸림돌로 작용하는 나쁜 습관들은?

첫째 아무거나 병
자기 결정에 대해 무능한 것은 남들에게 좋게 보이지 않는다.
난 아무거나. 상관없어. 다 좋다. 이런 표현은 좋지 않다.
본인이 알아봐서 제시하는 명확한 사람이 매력적이다.

둘째 자기 의사를 분명히 밝히지 않는 경우
마음이 약하고 착한 사람들 중에 그런 경우가 많은데,
곤란한 상황이 되면 피하고 내 이야기를 하지 않는
사람은 좋지 않다. 자기 의견/뜻/생각을 분명히 밝혀라.

셋째 '~한 거 같아요'라는 말버릇
불확실성/추측성의 느낌을 주므로 확신이 없어서
말꼬리를 흐리는 경우는 좋지 않다.
즉, 음식 맛있는 것 같아요. 추운 것 같아요.
괜찮은 것 같아요 등.

넷째 "죄송합니다."를 남발하는 경우
정말 잘못했을 경우에는 즉시 죄송합니다.
하지만 남발할 경우 상대의 짜증을 유발시킨다.

다섯째   지나친 겸손

처음 칭찬은 팀원과 상사 등의 도움 덕분으로 성공했기에
팀원 상사 등에 공을 돌리는 것은 당연하지만,
두 번째 칭찬은 "그렇게 말씀해 주시니까 정말 기쁩니다.
앞으로 더 열심히 하겠습니다." 이런 표현이 멋있지.

여섯째   트랜드[trend : 유행]에 지나치게 무심한 경우

"몰라몰라." "관심 없어." 이런 표현은 좋지 않다.
드라마, 영화, 음악 등
유행에 민감한 사람들은 이야기 할 소재가 많아서 좋다.

일곱째   자기 일을 사랑하지 않는 경우

자기 일을 좋아하지 않으면 불평불만이 내재해 있으므로
좋지 않다. 하고 있는 일이 정말로 마음에 들지 않으면
생계를 유지하기 위해서 하되 취미를 하나 가져라.

67. 내 마음에 현미경 하나!

[두루미, 강원도 철원에서 촬영]

[쇠제비갈매기, 인천 영종도에서 촬영]

가끔 안부를 묻고 요즘 살기가 어떠냐고 흘러가는 말처럼
건네줘도 어쩐지 부담이 없는 사람이 있습니다.
소주 또는 차 한 잔을 마시며 마음을 내려놓고 싶고,
감춤 없이 내 안의 고통까지 보여 줄 수 있는 사람.
그런 사람이 내 가까이 있음은 자기 사는 세상의 보람이고 은혜입니다.
함께 마시는 소주 또는 차 한 잔엔 인생의 아름다운 이야기가 있고,
행복의 에너지가 넘쳐흐릅니다. 오늘 만날 사람.
세상에서 제일 기분 좋은 사람입니다.
프랑스의 고전주의 작가, 라로슈푸코의 말에 의하면
"행복과 불행은 크기가 정해져 있는 것이 아니라 받아들이는
사람의 마음에 따라 작은 것도 커지고, 큰 것도 작아질 수 있다."
축소/확대만 잘하면 행복한 상태를 유지할 수 있다.
불행은 가능한 한 축소해서 받아들이고, 행복은 되도록 확대해서
받아들일 줄 아는 지혜. "라로슈푸코의 말대로만 하루를 살 수 있다면
언제나 기분 좋은 얼굴을 유지할 수 있지 않을까." "사소한 상처쯤은
툴툴 털고 일어설 수도 있지 않을까." 불행을 축소하고,
행복을 확대하는 현미경 하나, 내 마음을 행복하게 만들어 줄 수 있는
사람만이 다른 이에게도 그 행복을 나눠줄 수 있겠지요.

68. 분뇨[糞尿 : 더러운 것]처리하는 기술이란?

[쇠물닭]

행동이 거친 사람은 마음이 삐뚤어졌기 때문이고,
불평이 많은 사람은 마음이 좁다는 것을 우리는 알고 있어야 한다.
누군가를 헐뜯고 싶은 기분이 들 때가 있다면
먼저 자기 자신을 돌아보는 것이 좋다.
어쩌면 나의 싫은 점을 상대방에게 투사[投射]하고 있는지를
모르기 때문이다. 가정이나 직장에서 상대의 약점,
실수 등을 덮어주면 가정과 사회에 밑거름이 될 것이고 상대의 약점,
실수를 파헤치면 상대는 물론 우리 모두가 힘들게 된다.
즉, 악취 나는 음식물과 똥을 흙으로 덮어주면 거름이 될 것이고,
그것을 꼬챙이로 파헤치면 악취가 퍼져 우리 모두가 괴롭기 때문이다.
이 세상은 나쁜 일에 정성[精誠]을 들이면 나쁜 결과가 나타나고,
좋은 일에 정성을 들이면 좋은 결과가 나타나게 되어 있다.

69. 성공[成功]하고 싶으면?

[왜가리, 경북 고령에서 촬영]

자기의 가치와 잠재 능력을 알고, 준비하고,
그 분야 최고수의 선배 또는 스승이 오면 기회를 딱 잡는다.

첫째 　분명한 목표

　　　세상을 위한 이로운 일을 한다는 목표/기간을 정한다.

　　　꿈을 품고 무언가 할 수 있다면 그것을 위해 준비하라.

　　　미래는 걱정 말고.

둘째 　확실한 실력

　　　상대 또는 사회가 원하는 것이 무엇인지를 알고 실력을 쌓는다.

셋째 　습관 통제

　　　인생에서 두 번째의 반평생은 첫 번째 반평생에서

　　　생긴 습관으로 구성될 뿐이다.

　　　꼭 성공하고 싶으면 자기관리와 습관 통제가 그만큼 중요하다.

넷째 　외부 관리

　　　열린 마음. 즉 남녀/학력/종교/인종/문화/기호 등

　　　초월하여 배우겠다는 자세와 태도.

다섯째 해내는 힘[추진력]

　　　즉시 한다. 반드시 한다. 될 때까지 한다.

　　　자신감을 잃으면 온 세상이 나의 적[敵]이 된다.

인간관계의 핵심은 연관되어 있어 서로 영향을
주고받기 때문에 [+], [−]가 아니고 [÷], [×]이다.
즉 한 개를 주면 한 개가 돌아오는 것이 아니고,
이 세상은 나누면 곱으로 돌아온다는 것을 알아 서로 협력[協力]하고,
도움 주고, 재능[才能], 또 재물[財物]을 나누며 살도록 힘쓰자.

70. 마쓰시타 회장의 세 가지 은혜[恩惠]란?

[방울새, 서울 남산에서 촬영]

[긴꼬리딱새, 충북 보은 속리산에서 촬영]

세계적인 부호이자 일본 최고의 기업가 마쓰시타 고노스케[1894~1989. 마쓰시타 전기산업 설립자]. 어떻게 크게 성공할 수 있었는지, 어느 날 한 직원이 묻자 그가 대답했습니다.

"나는 하늘의 세 가지 은혜를 입고 태어났다네." 마쓰시타 회장은 조용히 말했습니다.

"나는 가난 속에서 태어났기 때문에 부지런히 일하지 않으면 잘살 수 없다는 진리를 깨달았네. 또한 약하게 태어났기 때문에 건강의 소중함을 일찍이 깨달아 90살이 넘었어도 30대의 건강으로 겨울철 냉수마찰을 한다네. 그뿐인가 초등학교 4학년을 중퇴했기 때문에 이 세상 모든 사람을 나의 스승으로 받들어 많은 배움을 얻을 수 있었다네."

불행한 환경을, 성장을 위해 하늘이 준 은혜라고 생각하는 긍정적인 삶의 자세가 그를 성공으로 이끈 가장 큰 이유였습니다.

> 삶이란 화려함 속에 감춰진 인내의 고통으로 만들어가는 것이 삶
> 피고 지는 세월을 반복하며 기쁨도, 슬픔도 잠시
> 잠시 잠깐의 시간들이 모여 하루가 마무리되어가는 것이 삶
> 산다는 것은 좋은 것을 닮고 싶어 하고
> 행복하기를 바라지만 때로는 향기 없는 삶
> 가슴 앞에 무너지는 마음을 볼 때
> 그 아픔조차도 참아내야 하는 것이 삶
> 삶이란 괴로운 시련처럼 보이는 것이 뜻밖의 좋은 일일 때가 많다.

71. 명언[名言]이란?

[물까치, 진주 진양호에서 촬영]

아버지가 아들에게

첫째 대머리가 되는 것을 두려워하지 마라.
     사람들은 머리카락에 관심이 있기보다는
     그 머리 안에 더 관심이 있다.
둘째 습관은 무서운 것이다.
     처음엔 거미줄 같지만 얼마 후 밧줄로 변하고
     나중에는 쇠줄처럼 강해진다.

어머니가 딸에게

첫째 가슴이 너무 많이 파인 옷을 입고 나가지 마라.
     세상의 모든 사람을 자극할 필요는 없다.
둘째 신발을 질질 끌지 마라.
     네 인생도 질질 끌려가는 것 같다.

"혼자 있으면 내가 제일 예쁘지만, 둘이 있으면 두 번째로 예뻐요."
"사랑이란 핑계로 발목 잡는 사람은 재수가 없다는데……"
그렇지만 내가 늘 좋아하는 말 "사랑은 한 번뿐이다. 그러나 영원하다."
어쩜 윗글들이 나와 우리 학생들한테 가장 잘 어울리는 명언이로소이다.

72. Kairos 동상의 의미는?

그리스에는
우스꽝스러운 모습을 한 동상이 있다.
앞머리는 머리숱이 많지만,
뒤에는 대머리이고, 왼손에는 저울을,
오른손에는 칼을 들고 있고,
발에는 날개가 달려 있는
남성 신[神]으로 묘사된다.
맨 처음 이 동상을 본 사람들은
우스꽝스러운 모습에 웃는다고 한다.
그러나 동상 밑에 새겨진 글을 보고
고개를 끄덕이며 감명[感銘]을
받는다고 한다.

[기회의 신 카이로스]

"앞머리가 많은 이유는 사람들이
나를 보면 쉽게 붙잡을 수 있게 하기 위함이고,
뒷머리가 대머리인 이유는 내가 지나가면 붙잡을
수 없게 하기 위함이며, 발에 날개가 달린 이유는
최대한 빨리 사라지기 위함이다.
내 이름은 카이로스다."
카이로스는 기회 또는 특별한 시간을 의미하는 그리스어로,
그리스 로마 신화에 나오는 "기회"의 신[神]을 뜻한다.

세상의 모든 일이 마냥 순조로울 수는 없다.
때로는 이런 일로 방해받을 수도 있고 저런 일로 좌절할 수도 있다.
하지만 그 방해와 좌절이 그 일의 끝이라고 생각 말자.
분명 우리에게는 수많은 재능과 가능성이 남아 있고
그 기회는 반드시 오게 되어 있다. 어떤 일이든 중도 포기만 안 한다면...

73. 공부가 무엇이며 왜 해야 하는가?

[되지빠귀, 울산 태화강 상류에서 촬영]

사람은 각자의 역할이 다르다. 그래서 내 마음에 들 수 없다.
그러나 서로 영향을 주고받으므로 상대에게 피해를 주면 나도 피해를 받는다. 상대를 존중해주면 나도 존중받는다.
나만 이익을 보려고 생각하면 안 된다. 먼저 상대를 이롭게 해야 한다. 그러면 자신이 더 이롭게 된다. 공짜는 절대 없다.

공부란 공짜가 없음을 깨달아 부지런히 지식과 지혜를 배워
의식주를 해결하고, 하는 일이 잘되기 위한 길[道]을 닦는 것이 공부다.

첫째   공부를 하는 이유는?
        나와 나 아닌 것을 바르게 보고, 바르게 알고,
        세상과 조화를 이루면서 자기 자신의 능력을 발견하고,
        세상이 어떻게 돌아가는가의 법칙을 알게 되고, 사람의 같음과
        다름을 알아 모두가 행복한 세상이 되게 하기 위함이다.

둘째   공부를 하면 어떻게 되는가?
        자기 생각이 지금보다 더 넓어지고, 더 깊어지고,
        더 높아지게 된다. 그러므로 서로 다름을 인정하고, 이해하고,
        존중함으로써 한 차원 높은 사람이 된다.
        즉, 상대를 높이는 자가 더 높은 사람이다.

셋째   공부를 제대로 하면?
        "도와준 덕분에 합니다. 도와준 덕분에 잘될 것입니다.
        도와준 덕분에 했습니다."를 알게 되므로 좋은 일이 아니면
        더 좋은 일이 생긴다.

74. 공부하는 방법은?

[동박새]

[물꿩]

첫째   스스로 묻고 답을 찾아가는 방법

부처님/예수님이 알아서 합니까? 내가 알아서 해야 합니까?

부처님/예수님은 인생의 운항 법칙을 안내하지만 최종은 내가 알아서 해야 한다. 부처님/예수님은 우리 인생을 책임지지 않는다.

둘째   사람을 통해서 묻고 답을 찾아가는 방법

이해하고 반복 숙달 시켜 내 것으로 만들어 활용하면 확신이 생겨 전해주게 된다. 방법은 묻고/듣고/깊이 생각하여 적용해서 확인해 보아라 그러면 확신이 생긴다.

셋째   반복하면 익숙해지고 익숙하면 숙달되고 통달하여 의식이 무의식에 저장된다.

또, 감동하고 충격도 한 방법일 수 있다.

넷째   즉시 한다. 반드시 한다. 될 때까지 한다. 부족하면 보충한다.

다섯째 시작이 반이다. 즉, 하겠다고 마음먹으면 이미 이루어졌다.

이루어졌다면 준비 기간에 준비를 잘 하기 위해 포기하지 않으면 또 다른 스승이 나를 도와준다.

그러면 지속적으로 성장/발전한다.

75. 성적[成績]이란 무엇인가?

[후투티, 경주 황성공원에서 촬영]

성적이란 현재의 자기 자신을 돌아보는데 얼마나
기억을 잘하고 있느냐를 보여주는 결과물이다.
즉, 성적이란 "얼마를 알고 있느냐 어떤 것을 모르고 있느냐"이다.
알고 있는 것은 그대로 활용하면 되고,
모르는 것은 다시 알게끔 깨달음을 주는 것이다.

최종적인 판단과 행동은 자기 마음이 결정하기 때문에
"자기가 짓고 자기가 받는다." 시험은 우리의 인생살이 축소판이다.
쉬운 문제/간단한 문제/복잡한 문제/어려운 문제를 시험을 통해 인생을
배우는 것이므로 합리적이고 논리적으로 접근하는
요령을 터득하게 된다. 그래서 성적은 자기를 위한 것이다.
성적을 올리려면 기억을 잘해야 한다. 기억을 잘하기 위한 방법은.

첫째   공부하는 목적 : 다 함께 잘살기 위해서
둘째   상대방을 도와주기 또는 가르치기 위해서
셋째   목표 : 30년 후 세계 최고가 되기 위해서
넷째   사색[思索 : 깊은 생각]을 통해서 체험을 한다.
       즉 듣고-사색하고-응용한다.
다섯째 큰 소리로 쓰면서 한다.
여섯째 post-it 활용이다.
일곱째 능률적이고 효율적인 습관을 기른다.
       [REM : Rapid Eye Movement]
       저녁 10시부터 새벽 4시까지 멜라토닌이
       생산되어 성장판을 움직인다.
       또 새벽 4시 이후 세로토닌이 생산되어 일어나라고 명령을 준다.
       새벽 4시 이후로 잠을 잔다고 해서 올바른 잠이 아니다.
       따라서 저녁 10시부터는 무조건 취침이고, 새벽 4시 되면 일어나서
       공부하는 습관을 기르자.

76. 주제 파악[主題把握]이란?

[검은머리물떼새, 경기도 시흥에서 촬영]

어른들의 말씀에서
"너 자신을 알고, 너 자신의 주제 파악이나 하고 덤벼라"라는
말씀을 종종 듣곤 한다.
자기 나름대로의 성장/발전을 하려면 주제 파악을 제대로 해야 한다.
사주팔자/운명/개명/부적 등 턱도 아닌 종교에 의지하지 말고.
그러면 주제 파악의 요령은.

첫째 부잣집에 태어났나?
둘째 부모님을 잘 만났나?
셋째 형제자매를 잘 만났나?
넷째 배우자를 잘 만났나?
다섯째 공부를 많이 했나?

"하"면 과거의 농사가 부실하다고 인정하라. 왜, 부모/배우자/형제자매/친구/환경/시간 활용 등 선택은 내가 했기 때문이다. 그래서 서운한 마음/섭섭한 마음/미워하는 마음/원망하고/불평불만 하지 마라.
내가 선택을 했기에 내 책임이다.
"하"가 상을 따라가려면 3배의 노력이 필요하고 "중"이 "상"을 따라가려면 2배의 노력이 필요하다. "하"가 "상"을 따라가려면 3시간 일찍 출근하고, 3시간 늦게 퇴근한다. 파악은 자기가 객관적으로 하되
무조건 노력한다는 모습을 보여야 한다.
그래야 상대가 도와준다.

77. 사람을 따르게 하는 방법은?

[재두루미, 강원도 철원에서 촬영]

"들은 귀는 천년이오, 말한 입은 사흘이다."

자신이 자기를 바라본다고 해서 자신을 알 수 있는 것이 아니다.

다른 사람의 눈으로 볼 때 비로소 자기 자신을 똑똑히 알 수 있다.

마크 트웨인[Mark Twain : 미국 소설가]은 "나는 칭찬 한마디면
두 달을 살 수 있다." 칭찬은 고래도 춤추게 한다고 했고,
인생에 승리한 사람들은 한결같이 칭찬에 탁월한 사람들이었다고 한다.
그러나 같은 칭찬이라도 때와 장소를 가려서 해라.
너무 과도한 칭찬은 그곳에서는 히트곡이 여기서는
아첨[阿諂 : 남의 환심을 사거나 잘 보이려고 알랑거림]이 될 수도 있다.
눈은 입보다 더 많은 말을 한다. 눈은 마음의 창이고, 소통의 창구,
이미지[心象]를 형성한다. 입으로만 말하지 말고 "눈" 표정으로도
기분 좋게 해주자.
그래야 좋은 기[氣]의 파장이 주위를 둘러싸 운[運]이 좋아진다.
비난의 명수[名手]가 되지 말고 칭찬의 명수가 되자.
듣고 싶어 하는 얘기 하기에도 바쁜 세상이다.

말에도 맛[味]이 있다. 입맛 떨어지는 말을 하지 말고 감칠 맛 나는 말을
하자. 칭찬받으면 마음이 열린다. 그러나 비난받으면 마음이 움츠러들고
상처 때문에 마음을 닫게 된다. 뒤에서 험담하는 사람과는 가까이 말자.
모진 놈[者] 옆에 있다가 벼락 맞는다.
칭찬, 감사, 사랑의 말을 많이 사용하자. 그렇게 하면 좋은 사람이 따른다.

78. 아름다움은 영원히 남는가?

[동박새, 제주도 서귀포에서 촬영]

위대한 것으로 향하기 위해 좋은 것을 포기하는 걸 두려워하지 마라.

20세기 인상파 화가 피에르오귀스트 르누아르[Pierre-Auguste Renoir, 프랑스]는 표현주의 화가 앙리 마티스[Henri Matisse, 프랑스]와 막역한 친구 사이였다.
어느 날 르누아르의 작업실에 들른 마티스는 르누아르가 몸을 가누기도 힘든 고통과 싸우면서도 그림을 그리는 것을 보고 말했습니다.
"그렇게 고통스러워하면서도 그림 그리기를 멈추지 않는 이유가 뭔가요?" 그러자 르누아르가 대답했다.
"고통은 지나가지만 아름다움은 영원히 남기 때문이지."
르누아르는 이렇게 생의 마지막 10년을 손가락에 붓을 매고 그려야 하는 극한 상황 속에서도 그림을 그리는 기쁨을 잃지 않으며 보냈다.
그리고 그 기간에 그의 가장 유명한 작품 중 하나인 「목욕하는 사람들」이 완성되었다.

우리는 자명종[自鳴鐘] 소리에 의해서가 아니라 새벽의 무한한 기대감으로 깨어나는 법을 익혀야 하고, 또한 "어떤 고통도 이겨내면 미래는 밝다"라는 생각을 하면서 늘 깨어 있어야만 한다.

79. 부자[富者]가 되고 싶으면?

[두루미, 강원도 철원에서 촬영]

부자가 되고 싶으면 어떤 직업이든 자부심[自負心]을 갖고,
서로 존중하고 받들어서, 신뢰를 쌓으면 부자가 된다.

어떤 사물, 즉 돌, 나무, 골동품 등을 소중히 하면
그 사물 때문에 부자가 되고, 일 또는 사람을 소중히 하면
그 사람과 일 때문에 부자가 된다는 성인[聖人]들의 말씀이 있다.
그래서 우리는 돈[錢]을 소중히 관리하자.
즉, 장[長]지갑 안에 가지런히 보관하자.
돈은 막힌 곳을 뚫어 주고/꼬인 것을 풀어 준다/
죽어가는 것을 살려 준다. 이것이 돈의 위력이자 특성이다.

돈은 눈[目]이 달리고, 발[儿]이 달리고, 재주[才]를 부리고,
변화[化]를 준다. 그래서 재화[財貨]라 한다.
어두운 마음, 즉 불평, 불만, 불안, 초조, 걱정하는 마음을 가지면 어둡게
되어 돈이 도망간다. 따라서 어려운 일이 생기면 원망, 남 탓하지 말고,
탐욕을 버리고, 남의 눈 의식하지 말고, 비교적 쉽게 넘기자.
쉬운 일은 아니지만 "무슨 상관이야" "그거 아주 큰일 날 일 아니야"로
생각을 바꾸자. 또 좋은 일이 생기면 기쁘고 감사한 일이지만 들어온
복을 지니고 있으려면 몸을 낮추고 조용히 평상심을 유지하자.
"그거 그냥 별거 아닙니다."
밝은 마음, 즉 미소와 함께 "덕분입니다/감사합니다" 그러면 복이
넝쿨째 굴러들어 온다.

80. 부자가 되기 위한 방향과 방법은?

[소쩍새]

이 세상은 하늘에서 공기와 햇빛을 주고, 땅에서 먹을 것을 주고, 사람과 사람 사이 인연으로 어우러져 돌아간다. 무궤화삼[無櫃化三]이란 무한한 보배가 자기 속에 있는데 그것을 셋으로 돌려서 내 것으로 만든다는 뜻, 즉 꿈이 맞는 세 사람을 만나서 행[行]하면 무엇이든지 된다.
"덕분입니다." 이는 겸손이자 내 마음을 비우는 기본자세이다.

"내가 했다."를 "도와준 덕분에 했습니다."로
"내가 한다."를 "도와준 덕분에 합니다."로
"내가 해야 한다."를 "도와준 덕분에 잘될 것입니다."로

▶ 역량[力量]을 갖춘다. 역량이란?

첫째   기술적 능력을 갖춘다. 먹고 살기 위해,
       즉 육신을 보호하기 위하여
둘째   개념적 능력을 갖춘다.
       설명을 쉽고, 간단하고, 따라 하기 쉽게 한다.
셋째   상호 의존적 창의력을 갖춘다.
       같이하면 일이 즐겁고 쉽기 때문에.

▶ 성품[性品 : 인품]을 갖춘다. 성품이란?

첫째   성실성이다. 약속을 지키고, 세상에 변하지 않는 법칙을 믿는다.
둘째   성숙성이다. 상대를 먼저 배려하고, 확인과 거절을 확실히 한다.
       돈거래와 보증 또 계약서 등
셋째   풍요의 심리이다. 내가 잘하면 다 내게 기회가 온다.

81. 자기 리더십[Leadership]을 어떻게 하는가?

[오목눈이, 부산 금정산에서 촬영]

안 된다 생각하면 잘 될 일이 없다.
힘들다 생각하면 즐거울 일이 없다.
어렵다 생각하면 쉽게 되지 않는다.
남을 탓하면 자기반성이 되지 않는다.

서둘지 말고 하나하나를 제대로 하는 습관,
즉 친구들보다 빨리 꽃이 피기를 바라지 말고,
늦게 피더라도 향기가 많이 나고, 향기가 오래가고,
향기가 멀리 퍼져 벌/나비가 왕성해지도록 만드는 데만
혼신의 힘을 다해서 자기 페이스를 맞추어서 걸음을 한발 한발
걸어가는 그런 멋진 사람이 되도록 노력한다.

누구나 성공할 수 있으나 아무나 성공하는 것은 아니다.
올바른 방향과 방법을 알고 빨리하는 것이 아니라 제대로 해야 한다.

82. 3센트[한화 30원] 정직[正直]의 결과란?

[노랑턱멧새, 경기도 구리시에서 촬영]

에이브러햄 링컨[Abraham Lincoln]이 젊은 시절 가게에서 일할
때의 이야기입니다. 어느 날 장사를 마치고 돈을 계산해 보니
3센트가 남아 있었습니다. 누군가 거스름돈 3센트를 받지 않은 것입니다.
링컨은 장부를 보며 손님들의 얼굴을 떠올렸고 마침내 3센트 주인을
기억해 냈습니다. "낮에 가게에 왔던 부인이구나, 빨리 돌려줘야지."
링컨은 길을 묻고 물어 부인의 집을 찾아갔습니다. "죄송합니다.
아까 실수로 거스름돈을 드리지 않았어요. 여기 3센트입니다."
"고작 3센트 때문에 이 먼 거리를 찾아오셨어요?" 부인은 링컨의
정직함에 감동하여 말했습니다. 작은 것이라도 바로잡는 이러한
"정직함" 덕분에 훗날 링컨은 대통령이 되어 정의를 실현할 수 있었던 것
입니다. 사람은 누구나 선택 앞에서 망설이기 마련이다.
귀찮아 지기도 하고, 두렵기도 하고, 걱정되기도 하고,
좋은 결과를 상상하기도 하고, 결국 아무것도 못 하기도 한다.
그럴 때에는 단 하나만 생각하자.
고생 끝에 즐거움이 온다고.

> 참고 : 에이브러햄 링컨[1809.2.12 ~ 1865.4.15]은?
> 미국의 제16대 대통령[재임 1861~1865].
> 남북 전쟁에서 북군을 지도하여 점진적인 노예 해방을 이루었다.
> 대통령에 재선되었으나 이듬해 암살당하였다. 게티즈버그에서 한 연설 중
> 유명한 "국민에 의한 국민을 위한 국민의 정부"라는 불멸의 말을 남겼다.

83. 왜, 면접 시 주제 파악과 내공을 기르고 철저히 준비해야 하는가?

[호랑지빠귀, 전북 무주 덕유산에서 촬영]

[호반새, 청평 호수에서 촬영]

면접 시 특별히 눈에 띄지 않으면 회장 빽, 사장 빽, 전무 빽으로
입사한다. 그것을 부정적으로 보지 말자.
왜, 이 세상은 인연[因緣]으로 연결되어 있기 때문이다.
이 세상은 본래 그렇다.
그게 진리[法]이다. 그러면 면접 준비는.

  첫째, 자신감 있는 모습
  둘째, 호감이 가는 인상
  셋째, 힘이 실린 목소리
  넷째, 충실한 내용이 있는 표현

면접은 다른 사람보다 어떤 면이 다른가를
정확하게 보일 수 있는 자기만의 상품을 선전하는 곳이다.
면접은 정답을 요구하는 것이 아니라 철저히 대화를 통하여 내 상품이
좋다는 것을 비즈니스[business] 하는 것이다. 만약 채용되었다면
월급의 3배 이상 일을 해야 회사는 본전[本錢]이다.

84. 신입사원[新入社員]의 자세는?

[동박새, 제주도 서귀포에서 촬영]

[물꿩]

첫째   밝고 건강한 표정/열정적이고/행동이 민첩하여
       신입사원답게 행동할 것

둘째   사람/일에 대한 것에 그 회사가 그렇게 돌아갈 이유가 있으므로
       불평불만 하지 마라. 즉, 말조심할 것

셋째   적자생존[適者生存 : 환경에 적응하는 생물만이 살아남고,
       그렇지 못한 것은 도태되어 사라지는 현상]이다. 지시에 순응하고
       사내 문화에 빨리 적응할 것

넷째   원칙대로 말하는 것이 젊은 사람답고, 신입사원다운 자세이므로
       절대 요령을 피우지 말 것

다섯째 만약 험지에 발령 나면 신입사원에게 기회가 되므로 조급하게
       생각하지 말 것

여섯째 세상은 인간관계가 매우 중요하기 때문에 처음 만난 동료,
       상사 등의 관계를 잘 맺어 훗날 이 사람들이 나의 후원자가
       될 수 있도록 할 것

일곱째 똑똑한 사람은 많은데 쓸 만한 사람이 없다. 이 말은 믿고 일을
       맡길 사람이 없다는 뜻이다. 그래서 일 잘하는 사람이 될 것

지금 일하고 있는 곳, 지금 만나는 사람이 곧 행운의 기회이므로 항상
밝은 표정과 적극적인 자세로 일을 처리할 것. 즉, 내가 한다가 아닌
"도와준 덕분에 합니다." 또, "도와준 덕분에 잘될 것입니다."라는
긍정적인 마음 자세를 갖추는 것이 신입사원의 자세다.

85. 새로운 직장[職場]에서 갖추어야 할 자세는?

[세가락도요, 강원도 속초에서 촬영]

▶ 새로운 직장 또는 새로운 자리에 갔을 때 꼭 지켜야 할 것
  말을 최대한 아끼면서 101일쯤 지나면 어떤 일을 추진하거나
  행동하기 위해 여러 가지 형편을 판단할 능력이 생기므로,
  101일까지는 최대한 침묵을 지켜라.
  ▷ 이 직장 또는 이 자리가 좋다/나쁘다 평가하지 말라.
    이는 경솔한 말과 행동이 될 수 있다.
  ▷ 각 직장 또는 각 자리마다 그렇게 돌아갈 수밖에 없는 사정이
    있으므로 어떤 아이디어도 내지 마라. 즉, 섣불리 나서지 말 것.
  ▷ 어떤 조직이든 인간관계가 형성되어 있으므로 어느 편에도
    서지 마라. 특히 처음부터 살갑게 대하는 사람,
    즉 친근감 있게 다가오는 사람을 주의 깊게 관찰하라.

▶ 사회 또는 직장에서 지시[指示], 즉 "이것 해라/저것 해라"는
  하지 말고 상대를 존중하여 질문하자.
  ▷ 오늘 무슨 일을 하실 겁니까? 또는 무엇을 준비하고 있습니까?
    또는 오늘 할 일은 무엇입니까?
    "부족하면 이것까지도 마무리했으면 좋겠습니다."라고
    정중히 요청한다.

▶ 직장에서 자기 계발을 위해 생활화해야 하는 것
  ▷ 체력이 경쟁력이므로 건강관리, 운동을 생활화한다.
  ▷ 지식생산/지적생산을 위해 자료, 정보를 모아 메모하고
    보관하는 습관을 기른다.
  ▷ 지난날 잘못은 반성을 통해서 자기 자신을 끊임없이
    변화시켜야 한다.

86. 직장생활에서 인정받는 전략은?

[쇠제비갈매기, 인천 영종도에서 촬영]

자기 자신이 미숙한 존재임을 인정하고,

사과는 내가 먼저 하고,

약속을 잘 지키고,

거짓말을 하지 않는 것을 기본으로 한다.

첫째 　출근 시 밝은 미소로 좋은 날입니다. 좋은 아침입니다. 인사하자.

둘째 　출근하자마자 중요한 일에 집중한다. 유능한 사람은 에너지가 좋은 아침 시간에 가장 중요하고 어려운 일에 집중한다.

셋째 　"글쎄요?" "그런 것 아닐까요?" "그런 것 같습니다." 이런 자신감 없는 태도는 절대 하지 마라. "어디서부터 어디까지는 할 수 있고 이것은 제가 모르는 분야이니 차후 여쭤보고 중간점검을 받겠습니다." 모르겠으면 모르겠다고 솔직히 말씀드리고 "확인해서 말씀드리겠습니다."

넷째 　보고할 때는 1~3분 이내로 결론부터 말하자. 상사가 궁금한 것은 그 업무의 결과다. "목표는 OO인데 결과는 OOO입니다."

다섯째 　상대가 YES, NO를 물었을 때는 그것부터 먼저 말하고 이유를 설명하자.

여섯째 　상사가 부르면 무조건 노트부터 챙기고 기록하고, 거래처와 처음 미팅 후에는 반드시 문자나 메일로 감사 인사를 전하자.

일곱째 　잡일에 쓸데없이 긴 시간을 할애하지 않는다.

여덟째 　퇴근 후 책상 위 커피잔, 지나간 일정인데 여전히 포스터-잇이 붙어있는 것들 등은 유능하지 못한 사람이라고 인정받기 쉽다.

87. 출·퇴근 시간을 알차게 활용하는 방법은?

[큰유리새, 인천 송도에서 촬영]

첫째   예행연습[Rehearsal]하기

"인생은 연극이다." 인생과 연극의 차이점은 연극은 리허설을 할 수 있지만, 인생은 리허설을 할 수 없는 것이 차이므로 오늘 일어날 일을 머릿속으로 한 번쯤 예측하여 하루 실수를 예측하여 그때는 어떤 역할을 어떻게 해야 할지 예행연습[豫行演習]하여 실수 없고, 사고 없이 잘 진행되도록 하는 시간으로 활용하자.

둘째   글공부하기

스마트 폰을 이용하여 좋은 칼럼/사설 등을 보면서 그 속에 있는 문장에 암기할 만한 것, 좋은 표현, 멋진 어록, 통계 등을 머릿속에 저장하는 습관을 기르자.

셋째   자료 수집하기

중요한 내용, 통계, 유머 등 수집하여 저장하여 필요할 때 요긴하게 활용하자.

넷째   친지/친구/스승 등에 안부 전하기

모바일 메신저 또는 SNS를 통해 안부, 근황 등을 묻기도 하여 인간관계를 원활하게 하는 계기로 활용하자.

다섯째   명상하기 또는 멍 때리기

스트레스받고 어떤 일로 인하여 힘들 때, 지하철 또는 버스 안에서 조용히 앉아서 또는 서서 눈을 감고 복식호흡을 하면서 잡념을 머리에서 비우는 훈련을 해보자.

88. 직장 간부 사원[幹部社員]의 자세는?

[두루미, 강원도 철원에서 촬영]

첫째 부하뇌동[部下雷同 : 남의 의견을 좇아 함께 어울림]하면 안 된다.
   간부는 회사와 함께 운명을 같이한다는 생각을 가져라.
   그래야 부하직원들이 존경하고 따르게 된다.
   그것으로부터 리더십이 발휘된다.

둘째 간부의 힘은 부하로부터 나온다.
   그래서 소통하라. 그들의 의견과 애로를 잘 받아 들이고 그들과 함께하는 사람만이 부하로부터 존경받고, 또 따르게 된다.

셋째 CEO의 잠 못 이루는 밤을 이해할 수 있어야 한다.
   즉, CEO의 입장에서 일을 하고 세상을 보자.

넷째 직장생활 오래 하다 보면 편법에 물들기 쉽다. 마치 원칙대로 하면 요령이 없어 보이나 이것은 잘못된 생각이다.
   원칙을 엄격하게 지켜라.

다섯째 간부는 "임시직이다"는 말이 있다.
   이것은 현실이다. 조기퇴직에 대비할 것.
   즉, 이직[移職] 경쟁력을 키워라.

여섯째 가정과 회사를 균형 있게 돌아보자.
   그래야 부하직원이 존경한다.

일곱째 일로써 회사에 공헌[貢獻 : 힘을 써 이바지함]하라.

89. 에펠 탑 효과[Eiffel tower effect]란?

[에펠 탑]

평온한 바다는 결코 유능한 뱃사공을 만들 수 없다.
세상은 항상 성공을 보장해 주지는 않지만,
꼭 노력한 그만큼의 성장을 우리에게 약속해 준다.

1889년 프랑스 파리에서는 프랑스 혁명 100돌을 맞이하여
에펠 탑[무게 7,300t, 높이 320m : 프랑스 건축가 에펠이 세움,
1991년 세계문화유산으로 등재]을 건립하였다.
그러나 수많은 파리의 예술가와 시민들은 에펠 탑 건립에 결사반대하고
나섰다. 거대하고 흉측한 철제 구조물이 고풍스러운 파리의 분위기를
망칠 것이라고 생각했기 때문이다. 그러나 130여 년이 지난 지금에는
파리의 시민들은 에펠 탑을 자랑스러워하며
파리의 명물[名物]로 여기고 있다.

또한 에펠 탑은 세계의 수많은 관광객을 프랑스로 끌어들이는
일등 공신이 되었다. 흉물[凶物]이 명물로 재탄생할 수 있었던 이유는
단순하다. 계속해서 보다 보니 정이 들어 에펠 탑을 좋아하게 된 것이다.
그래서 처음에는 싫었지만 자꾸 보니 정이 들어 호감[好感]을 갖게 되는
현상에 "에펠 탑 효과"라는 이름이 유래 되었다.

90. 코끼리와 말뚝 이야기란?

[두루미, 강원도 철원에서 촬영]

꿈을 심는 사람은 '하고 싶다'에서 '할 수 있다'로,
'할 수 있다'에서 '할 것이다'로 조금씩 변해갑니다.
꿈은 고난에 굴복하지 않는 용기를 키워줍니다.
그래서 꿈을 심는 사람은 척박한 현실을 두려워하지 않고 황무지 같은
마른 땅에서도 푸른 숲을 꿈꾸며 달려갑니다. 서커스를 보면 코끼리가
말뚝에 묶여서 얌전히 있는 모습을 볼 수 있습니다. 금방이라도 말뚝을
뽑고 도망갈 수 있을 것 같은데 말이죠.
서커스단 코끼리는 어린 시절부터 아주 단단한 말뚝에 묶여서 자랍니다.
어릴 때부터 자신의 힘은 약하다고 생각한 코끼리는 자신의 힘이
어느 정도인지 끝까지 알지 못한 채, 말뚝에 묶여 지내게 됩니다.
"나는 똑똑하지 않아." "나는 재능이 부족해." "예전에 못 했으니까
이번에도 분명히 실패할 거야." 여러분은 서커스단의 코끼리처럼
시도하기 전에 먼저 포기하진 않았나요? 만약 시도조차 망설였다면,
스스로 만든 말뚝에 묶여 있지는 않은지 확인해 보세요.
그리고 스스로 만든 말뚝을 뽑아보려 노력해 보세요.
앞으로 20년 뒤 당신은 했던 일보다 하지 않았던 일 때문에
더 실망할 것입니다. 그러니 밧줄을 풀고 안전한 항구를 떠나세요.
탐험하며 발견하라.

91. 어떤 일을 성취[成就]하기 위해서는?

[물총새, 경북 금호강에서 촬영]

이 세상은

첫째, 본인의 노력과 주위의 도움으로 결과를 만들어 낸다.

둘째, 밤과 낮으로 돌아간다.

이렇듯 세상의 이치를 바르게 알면 힘이 솟는다.

무슨 일을 이루고자 할 때 방향과 방법을 알면 방방 뜨게 된다.

밤은 화[禍]고 낮은 복[福]이라면, 화는 힘들고 어려운 일이
지금 닥쳤다면 이것이 지나가면 즐거움이 오게 되어 있다는 것을
알면 기대하는 마음이 안심이 된다. 안심이 되면 해낼 힘이 생긴다.
즉, "지금 어려우면 곧 좋은 일만 올 일이 남았네."로 생각을 바꾼다.
또, 사람들과 관계를 잘하여 도움을 잘 받도록 노력해야 한다.
언제 상대방이 나를 돕고 싶은 마음이 생기냐면 먼저 자기가 가진 시간,
마음, 물질을 빛나고 이롭게 쓰면, 도움을 받을 수 있는 노력을 하고 있는
사람에 속한다. 다음은 신뢰[믿음]를 얻도록 살아야 한다. 신뢰가 있으면
상대가 나를 도와준다. 즉, 빛나게 살면 하늘이 돕고,
이롭게 살면 땅이 나를 도와준다.
또, 열린 마음이다. 남녀/학력/종교/인종/재물 등을 차별하지 말고
배우겠다는 자세와 태도이다. 과거를 「후회」하면 기운이 빠지므로
걸림돌이 된다. 과거를 「반성」하여 디딤돌로 만든다.
반성은 "그때는 그럴 수밖에 없었구나."
"그때는 우리 부모님이 그럴 수밖에 없었구나."
"그때는 내가 몰라서 그랬구나."라고 이해한다.
미래는 준비해 놓은 돈도 없는데 하면서 「걱정」하는 데 쓰지 말고
「계획」을 짜는 데 이용하자. 과거와 미래는 실제는 없고
우리의 생각 속에 있다. 생각 속에 있으므로 허상[虛想]이다.
후회와 걱정은 무의식으로 나도 모르게 발생하여 결과를 어렵게 만든다.

92. 도끼가 바늘이 되는 힘은?

[붉은부리찌르레기, 부산 금정산에서 촬영]

[밀화부리, 서울 남산에서 촬영]

중국 당나라의 유명한 시인 이태백[701~762]은 깊은 산속에서
공부만 하는 것이 지겨워 산을 내려와 집으로 향했습니다.
한참을 걸어 어느 냇가에 이르렀을 때,
어떤 할머니가 열심히 도끼를 갈고 있는 것이 보였습니다.
이태백은 물었습니다. "왜 바위에 도끼를 갈고 계십니까?"
할머니는 웃으면서 말했습니다. "바늘을 만드는 중이라오."
이태백은 코웃음을 치며 말했습니다.
"아니, 그렇게 큰 도끼를 언제 다 갈아 바늘을 만듭니까?"
그러자 할머니는 정색하며 그를 꾸짖었습니다.
"되고말고! 중도에 그만두지만 않는다면."
이태백은 순간 깨달은 것이 있었습니다.
중도에 그만두지만 않으면 도끼도 바늘이 될 수 있는데,
힘들다고 중도에 공부를 포기하려 한 자신이 부끄러웠다고 한다.

- 李太白의 山中問答 -

問余何事棲碧山 문여하사서벽산	왜 푸른 산중에 사냐고 물어봐도
笑而不答心自閑 소이부답심자한	대답 없이 빙그레 웃으니 마음이 한가롭다.
桃花流水杳然去 도화유수묘연거	복숭아꽃 흐르는 물 따라 묘요히 떠나가니
別有天地非人間 별유천지비인간	인간세상이 아닌 별천지에 있다네.

93. 세상을 살면서 피해야 할 유형의 3가지 사람은?

[검은머리물떼새]

첫째 남의 말을 경청하지 않는 사람
이런 사람은 겸손하지 않고 무례한 사람이다.
가정에서나 직장에서 상대방의 의견이나 아이디어를 먼저
물어본다. 즉, OOO친구! 친구의 제안도 좋지만 내 생각은 이런데,
친구는 내가 가지고 있는 이 제안에 대해서 어떻게 생각하나?
이것은 주인 의식과 참여 의식을 갖게 하고,
제안에 대한 호기심을 갖게 한다.

둘째   남의 소문/험담을 좋아하고, 뒤에서 딴소리하는 사람

남의 불행의 소재로 웃으면서 즐기는 사람과 시간을 낭비하기 보다는 긍정적인 것에 눈을 돌리면서 흥미로운 사람들로부터 많은 것을 배우는 자세를 갖자.

또, 공식적으로 논의할 때는 아무 말도 하지 않다가 일이 조금만 잘못되면 바로 뒤에서 불평불만을 터뜨리는 사람들이 있다. 공식 석상에서 치열하게 토론하고 일단 정해지면 무조건 실행하여 "왜[Why] 해야 되는가를 어떻게[How] 하면 잘 되겠는가"로 전환하는 데 집중한다.

셋째   매사에 부정적이고 소극적인 사람

이런 사람들이 가장 많이 쓰는 말은 "그건 어려운데요?" "그건 안 되는데요?" 이런 말들은 주위에 부정적인 기운을 확산 시켜 불행을 초래한다. 부정과 소극은 명확한 데이터를 제시하고 대안을 찾아 "할 수 없다"를 "할 수 있다"로 생각을 전환하는 자세가 필요하다.

즉, "아직"은 아니지만 "미래"에는 할 수 있다고 고민하는 사람으로 재탄생하는 마음의 자세가 필요하다.

기타. 피해 의식을 가지는 사람 즉, "내가 너보다 못한 것이 뭔데?" "내가 너보다 못 배운 것이 뭔데?" 자기 화[禍]를 조절하지 못하는 사람이라면 가까이하지 않는 것이 좋다.

94. 직장[職場]에서 위기를 극복하는 3가지 방법은?

[긴꼬리딱새, 충북 보은 속리산에서 촬영]

돈/인물/집안/성격/공부/건강 등 모든 것이 완벽한 사람이
이 세상에는 없다는 것을 알고, 무시할 것은 과감하게 무시하고
선택과 집중에 우선순위를 두어, 누군가와 비교 대상이 되기를 거부하고
그 누구도 넘볼 수 없는 차이를 만드는 나만의 기술을 가지겠다는
이 시대적인 정신을 잊지 않아야 한다.
그러면 일터에서 위기를 극복하는 세 가지는?

첫째 어떤 새로운 일에 호기심과 학습 역량을 갖추자.
세상은 우리가 생각하는 것보다 훨씬 빠르게 변한다.
자기 스스로 또는 어떤 주위의 환경에 의해 지금 하고 있는 일이
다른 일로 방향이 바뀌었다면 새로운 일에 호기심을 갖고,
끊임없이 타 분야를 배워가는 자세와 다방면에 관심 많은
사람이 되도록 노력하자.

둘째 주인 의식을 갖고 매사에 감사한 마음을 가지자.
주어진 일에 감사함을 알고 주인 의식을 갖추는 것은 우리가
세상을 살아가는 데 필요한 기초공사다. 어느 곳이든 가는 곳마다
주인 의식을 가지자. 주인이 되면 그곳의 모든 진리를 깨닫게
되므로 주인 의식을 가지고 주어진 난관을 극복하자.
"역사는 쓰레기통에서부터 시작된다."는 마음 자세를 가지면서…

셋째 인내[忍耐]다.
우리가 어떤 일을 하다 보면 심리적 압박감과 자존심에 큰 상처를
받을 수 있는 환경에 직면하게 될 때가 있다.
예를 들면 후배가 직속상관으로 승진했을 경우이다.
이럴 땐 대부분이 사표를 제출한다. 참자. 참자. 참자.
참을 인[忍]자 세 개면 살인도 면한다는
우리의 속담이 있지 않는가.

95. 나와 다른 의견을 듣는 마음의 자세는?

[물수리, 부산 을숙도에서 촬영]

오늘날 우리 사회의 가장 큰 병폐는 부정적인 말과 행동,
나와 의견이 다르다고 적개심[敵愾心 : 적에 대하여 느끼는 분노와 증오]을
갖는다는 것이다. 정치판에는 말할 것도 없고, SNS에 글을 올려도 나하고
의견이 다르면 "아! 이런 의견도 있구나. 나는 이래요." 하고 자기 의견을
제시하면 되는데, 그냥 사람을 공격해버리고 적으로 생각한다.
이 얼마나 위험한 발상인가. 세상은 다양하다. 10인 10색[가지각색]이다.
그래서 나의 뜻과 관계없이 왜곡되어 듣는 경우가 종종 있을 수도 있다.
많은 연예인들이 악플 때문에 불행한 결말, 즉 자살을 선택한다.
이것은 자살이 아니라 사회적 타살이다. 이 얼마나 안타까운 일인가.
항상 역지사지[易地思之 : 처지를 바꾸어 생각]해서 한쪽으로
치우치지 않는 균형감을 유지하자. 우리가 어떤 사물을 볼 때는
긍정적인 생각으로 봄과 동시에 조금은 부정적으로 볼 수 있어야 하고,
또 부정적인 생각이 문득 떠오른다면 긍정적인 면도
한 번 생각하는 균형감을 유지하자. 다른 사람,
즉 나와 의견이 다른 사람을 만났을 때는
"그는 나의 적이 아니다. 나와 방법과 생각이 다를 뿐이다."
이것을 받아들일 수 있다면 얼마나 나의 생각이 커지고,
인생의 그릇이 커지겠는가. 나와 다른 의견을 잘 받아들이는
지혜를 발휘하는 것이 매우 중요하다.

| 96. | 포앙카레식 해결법이란? |

[동박새]

"실패는 고통스럽다. 그러나 최선을 다하지 못했음을 깨닫는 것은
몇 배 더 고통스럽다."라고 앤드류 매튜스[Andrew Matthews : 호주태생]
가 말했다. 앤드류 매튜스의 주요 저서는 『마음 가는 대로 해라』,
『친구는 돈보다 소중하다』 등이 있다.
우리가 어려운 난관에 봉착했을 때, 더이상 일이 진척되지 않을 때,
여러분에겐 어떤 해결법이 있나요?
"쥘 앙리 푸앵카레[Jules-Henri Poincaré]"라는 프랑스의 유명한 물리학자,
수학자는 풀리지 않는 문제가 있을 때,
독특한 해결법으로 문제를 해결했다고 합니다.
바로 산책을 하는 것이었지요.
이를 "푸앵카레식 해결법"이라고 부른답니다.
한 자리에서 문제를 계속 고민하기보다 잠시 머리를 식히며
휴식을 취하는 것이 문제 해결의 힘인 셈이지요.
아무리 해도 풀리지 않는 문제를 만났을 때,
푸앵카레식 해결법을 활용해 보는 건 어떨까요? 산책 대신,
맛있는 간식을 먹거나 친구와 수다를 떠는 것도 좋아요.
자신에게 꼭 맞는 "OO식의 해결법"을 만들어 보세요.
생각은 늘 희망으로 깨어있게 손질하고,
어떤 경우에도 환경을 탓하지 말며,
결코 남과 비교하는 어리석음을 범하지 말라.

97. 나사[Screw] 하나의 차이란?

[검은머리갈매기]

"늘 다니던 길을 벗어나 숲속으로 몸을 던져라.
그러면 반드시 전에 보지 못한 무언가를 발견하게 될 것이다."

"목표는 꿈을 날짜와 함께 적으면 목표가 되고,
계획은 목표를 작게 나누면 계획이 되고,
계획을 행동으로 옮기면 꿈이 실현된다."

최초로 전화기를 발명한 사람은 알렉산더 그레이엄 벨[Alexander Graham Bell, 1847~1922 : 영국태생 미국 이주]이라고 알려져 있다. 하지만 그는 전화기에 대한 특허권을 얻은 최초의 사람일 뿐, 사실 그보다 15년 전에 전화기를 발명한 사람이 있었다. 그의 이름은 독일의 전기기술자였던 요한 필리프 라이스[Johann Phillipp Reis, 1834~1874] 그런데 그의 전화기는 모든 영역의 주파수를 전송하지 못했기 때문에 정작 사람의 목소리가 전달되지 않는 한계가 있었다.

이후 라이스의 실패 요인을 연구하던 벨은 전극을 제어하는 작은 나사 하나가 원래의 위치에서 아주 살짝 빗나가 있는 것을 발견하였다. 벨이 이 나사를 제대로 맞추자 라이스의 전화기에는 또렷한 목소리가 전달되었고 작은 나사 하나를 바꿈으로 인해 벨은 역사 속 최초의 전화기 발명가가 되었다.
"왓슨, 이리 와주게! 자네가 필요하네[Mr. Watson, Come here! I want you]."
1876년 3월 10일, 벨이 건물 내 전화선을 통해 조수였던 왓슨[Thomas Watson]에게 최초의 전화 통화로 내뱉은 로맨틱한 말이다.
사람을 판단하는 최초의 척도는 안락하고 편안한 시기에 보여주는 모습이 아닌 모방하여 새로운 것을 연구하고, 창조하고, 논란에 휩싸일 때 보여주는 모습이 참모습이다.

98. 공황장애[恐惶障碍]의 원인은?

[물꿩]

공황장애의 근본 원인은, 우리의 본심은 사랑으로 가득하나 사랑이 왜곡되어 괴로움/미움/원수로 바뀌는 것이 문제다. 나와 너는 동업자라는 생각을 해야지 나와 상대를 분리해서 발생하는 장애이다.
이 세상에서 바꿀 수 있는 것과 바꿀 수 없는 것이 있다.
즉, 상대 마음을 바꾸는 것은 어렵지만 자기 마음을 바꾸는 것은 쉬운 일이다. 공황장애의 원인은.

첫째   부러움이 왜곡되어 질투로
둘째   서러움이 왜곡되면 우울증으로
       우울증은 "내가 남들보다 우월하다는 생각에서 오는
       마음의 병이다."
셋째   두려움이 왜곡되어 공포로
넷째   노여움이 왜곡되어 분노로

이렇듯 공황장애와 우울증은 상대에게 바라는 것이 많아서 내 마음에
안 든다고 불평/불만/불안/근심/걱정/두려움/미움이 부정적인 생각으로
어두운 생각을 해서 만들어지는 결과물이다. 메타 노이야[생각을 바꾸라]!
어떻게? "죽기 아니면 살기지 뭐."로

99. 근심/걱정/두려움/불안을 극복하는 방법은?

[물까마귀 유조]

[물까마귀]

데일 카네기[Dale Carnegie : 미국]의 "최악의 상황에 직면하기"에서

첫째   현재 상황을 분석하여 앞으로 어떤 일이 일어날 것인가를 예측해 본다.

둘째   최악의 상황이 온다면 과연 그 상황은 어떤 것인가를 상상해 본다.

셋째   최악의 상황을 상상하면서 과연 그런 일이 일어날 때 그것을 감수할 것인가, 아닌가를 판단해 본다.

넷째   그 최악의 상황을 "좋다, 내가 그런 상황이 오면 받아들인다. 감수한다." 결단한다. 결단하는 순간, 이미 고민은 없어진다.

다섯째 그다음에는, 가급적이면 최악의 상황에 직면하기 전에 고칠 수 있는 것, 개선할 수 있는 방법을 찾아본다.

임어당 선생께서 "참다운 마음의 평화는 최악의 상황을 감수하는 것에서 시작된다." 윌리엄 제임스께서 "마음 편히 최악의 일들을 받아들이도록 하자." "그것이 불행을 막는 첫 단계이다."
결국, 불안/두려움/근심은 받아들이고 그것을 극복하는 것이 해결책이다. 우리가 평소에 하는 말, "죽기 아니면 살기지 뭐." 이 말은 죽지만 않는다면 살아난다는 뜻이다. 이 말이 최고의 긍정적인 마인드다.
어떤 불안/공포/두려움/걱정거리가 있을 때에는 "이 정도면 다행이지 뭐." "죽기 아니면 살기지 뭐." 이렇게 마음먹는 순간 이미 그것은 힘든 상황을 극복하는 순간이 된다.

100. 인생을 즐기는 방법은?

[재두루미, 강원도 철원에서 촬영]

[재두루미, 강원도 철원에서 촬영]

멕시코 인디언 노인 포타-라모의 이야기에서 포타-라모는
먼지가 펄펄 나는 시장에서 양파 20줄을 팔고 있었다.
멕시코를 여행 온 미국 신사는 포타-라모에게 "양파 한 줄에 얼마요?"
10센트입니다. "2줄은 얼마요?" 20센트입니다. "3줄에는 얼마요?"
30센트. "그래도 깎아 주지 않는군요." 그 미국인이 말했다.
"25센트에 주실래요?" 아뇨. "20줄 전부는 얼마에 파시겠습니까?"
나는 당신에게 20줄 전부를 팔지 않을 것입니다.
"안 판다고요? 당신은 여기에 양파를 팔기 위해 있는 것이 아닙니까?"
아닙니다. 나는 내 삶을 즐기려고 여기에 있습니다. 그렇습니다.
인생을 즐긴다는 것은 시장 모퉁이에서 장사를 하면서 아이들이 뛰놀고
있는 풍경, 물건값을 흥정하는 모습, 반가운 친구를 만나는 것,
이 자체를 사랑한다는 것이다. 인생을 즐긴다는 것은 사람/지금 순간/
일 그리고 삶 전체를 사랑한다는 것이 인생을 즐긴다는 것이다.
포타-라모의 지혜에서 인생을 즐기는 방법은?

첫째   기쁜 마음으로 지금 이 순간 하고 있는 일에 최선을 다할 것
         -일할 때는 일하고, 공부할 때는 공부하고, 가족 모임, 기타 모임 등
         그것에 기쁜 마음으로 최선을 다하자.

둘째   일과 인생과 사람을 사랑하자.

셋째   좋아하는 것과 직업은 다르다. 좋아하는 것을 하면서 나중은 없다.
         지금 이 순간을 즐기자.

101. 세상 살면서 깨달은 세 가지는?

[물수리, 부산 을숙도에서 촬영]

첫째 내가 상상하는 만큼 세상 사람들은
       나에게 관심이 없다는 것입니다.
둘째 이 세상 모든 사람들이
       나를 좋아해줄 필요가 없다는 깨달음 입니다.
셋째 남을 위해 한다는 것의 모든 행위들은 사실
       나를 위한다는 깨달음 입니다.

102. 멋진 노후를 위한 마음자세는?

첫째 일상에서 행복을 찾을 것
　　　일상에서 발견하는 작지만 확실한 행복 "소확행"
　　　"삶이 한낱 꿈에 불과하지만 그럼에도 살아서 좋았습니다."
　　　"새벽에 쨍한 차가운 공기, 꽃이 피기 전 부는 달큰한 바람,
　　　해 질 무렵 우러나는 노을의 냄새, 어느 하루 눈부시지 않는
　　　날이 없었습니다." 이 말은 배우 김혜자 씨의 백상 예술대상
　　　수상소감이다. 차가운 공기/달큰한 바람/노을 등 일상에서
　　　행복을 찾자는 의미라고 할 수 있다.
둘째 이유불문[理由不問] 건강, 닥치고 건강, 무조건 건강.
셋째 삼식[三食]이는 되지 말 것.
넷째 사랑하자 – 인생/세상/사람을 사랑하자.
　　　프랑스 소설가 알베르 카뮈의 말에 의하면 "우리가 생애의 저녁에
　　　이르면 우리는 얼마나 가졌느냐가 아니라 얼마나 타인을
　　　사랑했는가를 놓고 심판을 받을 것이다."
다섯째 노후는 내일을 기약할 수 없으므로 오늘이 마지막인 것처럼 살 것.

103. 노후[老後]의 부부관계는 어떻게 해야 하는가?

[원앙]

남자가 노후에 필요한 것은 마누라, 집사람, 아내, 애들 엄마, 처[妻]이고, 여자가 노후에 필요한 것은 친구, 돈, 딸, 찜질방, 반려동물이다.
이렇듯 여자에겐 노후에는 남편이 필요 없다.
이것은 노후엔 남편이 짐이 되고 스트레스 요인이 될 수 있다는 것이다.
우리나라 질병관리본부에서 연구한 바에 의하면 65세 이상 노후에 남편과 단둘이 살거나 5인 이상의 가족과 함께 사는 여성이,

혼자 사는 여성에 비하여 건강과 관련된 삶의 질이 낮은 것으로 조사 됐다.
이것은 남편과 단둘이 살고 식구가 많을수록 스트레스 요인이 된다는
뜻이고 3~4명은 남편에게 스트레스를 받아도 풀 상대가 있기 때문에
스트레스 요인이 감소한다는 뜻이다.
부부가 살면서 여러 가지의 스트레스를 받을 수 있다.
스트레스를 받으면 스트레스를 덜어주거나 보상받을 수 있어야 한다.
방법은?

첫째 서로 격려한다
    여보 힘내세요, 용기를 북돋아 주고 기[氣]를 살려준다.
둘째 경청[敬聽]한다
    상대방의 그 흔한 잔소리를 들어준다.
    "여보, 이제 제발 술을 그만 하세요." 하면 알아서
    "이제부터 술을 조심할게."
    "여보, 이제 담배를 끊으세요." 하면
    "끊으려고 애를 쓰는데 안 되네 노력할게."
셋째 반성[見性]한다
    견성은 자기를 돌아보고 깨우치는 것을 견성이라고 한다.
    무슨 얘기를 하면 반성하는 자세가 있어야 같이 사는 재미가 있지.

늘 생활하면서 격려/경청/반성 이것을 마음속에 담고 생활하면
스트레스가 훨씬 줄어 들 수 있지 않을까요.

104. AI[인공지능]시대 없어지는 직업 Top 15은?

1. **운전기사**[Driver]
   - 자율주행, 버튼 하나로 목적지까지 이동

2. **농부**[Farmer]
   - 자동화

3. **인쇄소 직원**[Printer & Publisher]
   - 인터넷/디지털 미디어로 대체로 신문/잡지 산업 퇴화

4. **계산원**[Cashier]
   - 바코드로 인식하여 자동으로 신용카드로 출금

5. **여행사**[Travel Agency]
   - 온라인으로 처리

6. **생산직**[Manufacturing Worker]
   - 생산관리자 1명 + 경비에 필요한 개 한 마리

7. **운행 관리원**[Dispatcher]
   - 열차/버스/비행기 등 온라인으로 처리

8. **대기 테이블 관리 및 바텐딩 인력**[Server & Bartender]
   - 자동판매기 무인 서빙

9. **은행 창구직원**[Bank Teller]
   　　　　　-모바일 뱅킹으로 처리

10. **군인 및 군 파일럿**[Military & Soldier]
    　　　　　-전투 로봇, 드론을 활용한 조종 및 폭파 훈련

11. **패스트푸드 직원**[Fast food employee]

12. **텔레마케터**[Telemarketer]
    　　　　　- 소셜미디어/페이스북으로 구매자 정보 파악

13. **회계사 및 세무사**[Accountant & Tax preparer]
    　　　　　-컴퓨터 계산

14. **주식 거래원**[Stock trader]
    　　　　　-주식거래 정보를 온라인으로 구매량과 시기 결정

15. **건설 노동자**[Construction worker]
    　　　　　-건설기계 자동화

105. AI[Artificial Intelligence]시대 갖추어야 할 자세는?

[저어새와 왜가리, 강화도에서 촬영]

- ▶ 상대방의 입맛에 맞추지 말고
  상대방 입맛을 바꾼다는 생각을 가져라.
- ▶ 대립/경쟁/갈등의 시대가 아니고,
  서로 조화[調和]를 이루면서 살아야 한다.
- ▶ 자기만 좋아하는 것을 찾지 말고
  모두가 즐길 수 있는 것을 찾아라. 즉, 감동을 주어라.

첫째   여유[餘裕]의 기술
- ▷ 자기 생각을 내려놓고 주위를 살펴볼 수 있는 마음의 여유를 가져라.
- ▷ 덕분에 잘될 것입니다. 덕분에 했습니다. 당신이 최고입니다.
- ▷ 상대를 먼저 이해하고, 존중하자.
  그래야 AI 시대에 살아남을 수 있다.

둘째   창조[創造]의 기술
- ▷ Be   알고리즘[Algorithm]이 돈이고 뭐고 다 갖추어져 있으므로
- ▷ Do   시대의 요구사항을 알고 거기에 있는 에너지[돈]를 끄집어내어 Focus[집중]를 맞추어 밝은 생각으로 행[行]하라.
- ▷ Have 그러면 가지게 된다.

셋째   주지의 기술

[상대의 기[氣]를 살려주는 기술 그래야 내가 좋아지니까.]
사람의 머리로선 인공지능[AI]을 능가할 수 없기 때문이고, AI에게는 마음이 없다. 마음을 활용하라.
AI 시대는 머리의 시대가 아닌 가슴의 시대다.
그래서 상대에게 감동을 주자. 마음[心]에 벌벌 떤다고 심벌이라 한다. AI 시대는 학벌/재벌 시대가 아니고 마음을 잘 쓰는 심벌의 시대이다. 명심[銘心]하자. "늘 ~ 덕분입니다. 감사합니다." 이것을 늘 가슴에 새기자.

106. AI[Artificial Intelligence]시대 인기 직업 Top 15는?

1. 로봇 제작자 및 서비스 매니저

[Robot manufacturer & Service management]
- 로봇 제작과 관리를 위한 업데이트, 서비스 등 관리자 중요.

2. 원자재 관리자[Raw materials management]
- 자원 확보/유통하는 부분은 사람의 협상 능력 필요.

3. 빅 데이터 및 AI 과학자[Big data & AI scientists]
- 광범위하고 거대한 양의 데이터를 분석하고 요약하는 일.

4. 인공 신체 기구 제작자[Artificial bodies manufacturer]

5. e-스포츠[E-sports]
-프로 게이머

6. 정신과 의사 및 치료사[Psychologist & Therapist]
-우울증/공황장애 치료사

7. 유전자 디자이너, 아기 및 애완견[Gene designer for babies & Pets]
- 생명공학 유전자 디자이너 직업 인기.

8. 가상공간 디자이너[Virtual world designer]
-온라인 및 가상공간 이용 활발.

9. 사이버 보안 및 개인 데이터 중개사

[Cybersecurity & Private date brokerage]

- 개인 데이터를 큰 기업들의 중심으로 보관 및 활용.

10. 엔터테인먼트[Entertainment]

-자신만의 콘텐츠를 통해 전문가도 될 수 있는 시대.

11. 부동산 개발자[Real-estate developer]

-지속적인 국토개발 및 영역확장/지방으로 확대

12. 생화학 및 기술 엔지니어[Biochemistry & Tech engineers]

- 물질 등이 생물체의 조직과 생명과정에 미치는 영향을 연구
이를 대체할 수 있는 물질의 연구 및 개발

13. 부유층 관리 및 서비스[Private services for the rich]

-금전적 여유가 있는 사람들을 프라이빗 서비스를 추구,
자녀들 케어해 줄 개인 관리사 고용.

14. 노인 케어 및 생애 마감 관리사[Elderly care & End of life management]

- 생애 마감 후 가족을 대신해서 정리를 도와주는 역할.
요양보호사

15. 소규모 비즈니스, 서비스직[Small jobs that are not worth automating-yet]

- 인간관계 대화와 상황대처 능력,
반려동물들과 교감하는 케어

107. 의미 있는 건배사 순서는?

[쇠제비갈매기, 인천 영종도에서 촬영]

첫째 술잔을 채우게 한다.

제가 건배 제의를 하겠습니다. 잔을 채워주시겠어요?

둘째 건배 제의를 할 기회를 준 사람에게 감사 인사를 한다.

셋째 모임 취지와 관련된 멘트[단합대회, 봉사 모임, 동창 모임 등등]

오늘 이렇게 봉사하는 사람들과 함께 모였습니다.

이 자리가 참 뜻깊었지요.

우리 회사 단합대회였는데 즐거웠습니까? 등등

넷째 건배 제의

후창	선창
부자다	나는
원더풀	원하는 것보다 더 잘 풀리길~
세시봉	세파에 시달려도 봉사하면서 삽시다.
아리랑	아름다운 이 순간 서로 사랑합시다.
원샷	어명이오.
빠삐용	빠지지 말고, 삐지지 말고, 용서하면서 삽시다.

108. 내일 다시 해는 뜬다.

[일출, 부산 송정에서 촬영]

The sun will rise again tomorrow

- 김 홍 -

쓰러진 친구를 두고
나만 뛰면 무엇하나
슬피 우는 너를 두고
나만 어찌 행복하랴
친구야 인생은 어울려 가는 길
이 세상 끝까지
같이 가자 친구야
이 한세상 살아갈 때에
너와 내가 살아갈 때에

눈물에 젖은 빵 한 조각도
엎질러진 술 한 잔도
친구야 서러워 마라.
서러워 마라.
이 한밤이 새고 나면
내일 다시 해는 뜬다.
친구야 서러워 마라.
서러워 마라. 서러워 마라.
이 한 밤이 새고 나면

내일 다시 해는 뜬다.
내일 다시 해는 뜬다.
내일 다시 해는 뜬다.

109. 결론[結論]은?

첫째 인생에 있어서 분명한 목표를 가지라.
분명한 목표가 없어서 빈둥빈둥/게으르게 산다.
자기 관리/열린 마음으로 확실한 실력을 갖추면
상대가 신뢰하고 신뢰하면 명품 인간이 되어
재물[財物]이 저절로 따른다.

둘째 이 세상은 본인의 노력과 주위의 도움으로 결과가 나온다.
늘~ 감사한 마음을 갖고 살면 상대는
감동하고, 감응이 오고, 감탄한다.
그래서 감사/감동/감응/감탄, 감이 4개라서 감사라 한다.

셋째 이 세상은 괴로움이 오면 반드시 즐거움이 온다.
즐거움이 오면 반드시 괴로움이 따른다.
즐겁다고 좋아하지 말고, 괴롭다고 한탄[恨歎]하지 마라.

넷째 이 세상에 나타난 것은 모두 다 사라지게 되어있다.
즉, 허공에 천둥/번개/벼락 다 쳐 지나가도
허공에는 상처가 없다. 내 주위에 무슨 소리[잡음]가 일어나도
눈 하나 깜짝하지 마라. 왜, 이 세상은 인연[因緣]을 만나면
반드시 소리[잡음]가 나고 인연이 끝나면
그 잡음은 연기[煙氣]처럼 사라진다.
"그~저 덕분입니다."라고 살자.

다섯째 이 세상에서 어리석은 사람은 잘못된 정보로 인해
자기가 최고고 자기 생각이 옳다고 빡빡 우긴다.
또 자기 마음에 안 든다고 항상 씩씩거린다.
그런 사람의 특징이 있으므로 슬기롭게 대처해서
슬기롭게 무시한다. 그냥 허허허 하고 지나가자.

여섯째 이 시대는 제품과 지식을 판매하고 살았지만
AI[인공 지능] 시대에는 감동을 팔아야 살 수 있다는 것을
명심[銘心]하고 잘 준비하시길 바랍니다.

저　　자 이찬수
사　　진 이수남

저작권자 이찬수

1판 1쇄 발행　2020년 2월 25일

발 행 처　하움출판사
발 행 인　문현광
교정교열　신선미
편　　집　조다영
주　　소　전라북도 군산시 축동안3길 20, 2층[수송동]
I S B N　979-11-6440-117-8

홈페이지　http://haum.kr/
이 메 일　haum1000@naver.com

좋은 책을 만들겠습니다.
하움출판사는 독자 여러분의 의견에 항상 귀 기울이고 있습니다.

이 도서의 국립중앙도서관 출판예정도서목록(CIP)은 서지정보유통지원시스템 홈페이지[http://seoji.nl.go.kr]와
국가자료종합목록 구축시스템[http://kolis-net.nl.go.kr]에서 이용하실 수 있습니다.(CIP제어번호 : CIP2020006343)

· 값은 표지에 있습니다.
· 파본은 구입처에서 교환해 드립니다.
· 이 책은 저작권법에 따라 보호받는 저작물이므로 무단전제와 무단복제를 금지하며,
　이 책 내용의 전부 또는 일부를 이용하려면 반드시 저작권자와 하움출판사의 서면동의를 받아야합니다.